Johanna Handschmann

Spargel

Die besten Rezepte
für weiße & grüne Köstlichkeiten

Bassermann

Inhalt

Genuss ohne Reue mit kalorien- armem Spargel und Bresaola- Carpaccio (Rezept Seite 21)

Spargel auf asiatische Art mit Soja- sauce

*Ein Früh-
lingsgruß
aus zartem
Spargel und
jungem
Gemüse*

78 Aus dem Backofen

46 Mit Pasta, Reis und Kartoffeln

62 Mit Fleisch, Fisch und Ei

*Der Klassiker
aus dem
Süden
Deutsch-
lands: Spargel
mit Kratzete*

Edles Gemüse mit aristokratischem Flair

Asparagus officinalis – so der lateinische Name des Spargels – wandelte sich im Lauf seiner Geschichte vom Heilmittel zur Gemüsespezialität.

Spargel, das königliche Gemüse, weist eine lange und abwechslungsreiche Geschichte auf. Schon vor gut 2000 Jahren wurde Spargel in Griechenland, Ägypten und China als wichtige Entschlackungsmedizin geschätzt. Die Römer entdeckten seine lukullische Seite und begannen, das delikate Gemüse auf Feldern anzubauen. Mit den Römern gelangte der Spargel nach Deutschland, wo er in den klimatisch milden Flussregionen von Rhein, Main und Donau angebaut wurde. Durch die Kriegs- und Völkerwanderungswirren geriet er fast in Vergessenheit und überlebte lediglich in seiner Wildform. Erst im Mittelalter wurde Spargel in den Klöstern erneut kultiviert, allerdings auch als besondere Rarität hinter den Klostermauern gehütet. Um 1600 begannen die schlanken Gemüsestangen ihren Siegeszug an den Höfen Europas.

Vom 18. Jahrhundert an eroberte der Spargel die Welt. Heute ist er für alle erschwinglich und dank guter Transportmöglichkeiten fast ganzjährig auf dem Markt erhältlich.

Heimat und Anbau

Die Urheimat des Spargels sind die sandigen Gebiete Vorderasiens. Inzwischen wird Spargel weltweit angebaut und wächst überall dort, wo er lockere Sandböden und ein warmes Klima findet. Hauptlieferanten sind Frankreich, Spanien, Italien, Deutschland, Griechenland und die Niederlande.

Angebotszeiträume

Eröffnet wird die Spargelsaison im März mit spanischem und griechischem Spargel, der meist recht preiswert ist. Ab April sprießen die saftigen Stangen in den deutschen Anbaugebieten. Die Spargelsaison hierzulande ist recht kurz und endet bereits am 24. Juni. Dieser Termin ist ein historisch begründeter Stichtag, der von den deutschen Spargelanbauern eingehalten wird. Nach dem Johannistag wird nicht mehr geerntet, um den Pflanzen Zeit zu geben, sich für das nächste Jahr zu erholen. Nach der Sommerpause können Spargelfans wieder ab Mitte September Spargel aus Südspanien, Südamerika und Südafrika kaufen. Diese Angebote reichen bis in die Weihnachtszeit.

Weiß oder grün?

Die zur Familie der Liliengewächse zählende Spargelpflanze wächst als Rhizom unter der Erde in horizontaler Richtung. Aus dem ausdauernden Wurzelstock bilden sich jährlich neue, mit feinen Schuppenblättern besetzte Sprosse, die sich ihren Weg durch die Erde ans Licht bahnen. Der klassische deutsche Spargel ist der weiße Spargel, auch Bleichspargel genannt. Die Stangen behalten die vornehme Blässe, weil sie in künstlich aufgeschütteten Erdwallen wachsen und geerntet (»gestochen«) werden, bevor sie aus der Erde kommen. Wenn der Spargel vor der Ernte Lichtkontakt hat, wird er violett und mit zunehmendem Lichteinfluss schließlich grün. Beim grünen Spargel unterscheidet man den finger-

dicken Zuchtspargel und den dünneren wilden Spargel. Thaispargel ähnelt dem wilden Spargel. Grüner Spargel schmeckt intensiver als weißer Spargel und passt daher auch sehr gut zu kräftigen Zutaten und markanten Saucen. Nur im deutschsprachigen Raum hat der weiße Spargel eine größere Bedeutung als der grüne. In anderen Ländern wird der vitaminreichere grüne Spargel bevorzugt.

Handelsklassen

Auf dem Markt wird Spargel in verschiedenen Sortierungen gehandelt, die sich vor allem auf die Form, also die Beschaffenheit der Köpfe, Stangen und Schnittenden sowie auf die Länge der Stangen, bezieht und nicht auf die Frische. Weißer Spargel der Handelsklasse Extra ist gerade, gleichmäßig dick, nicht hohl und nicht gespalten, die Köpfe sind fest und geschlossen. Spargel der Klasse I kann leicht gebogen sein, die Köpfe dürfen eine leichte rosa Färbung haben. Bei Klasse II darf der Spargel stärker gebogen und nicht so ebenmäßig geformt sein. Die Stangen dürfen leicht verholzt sein und die Köpfe eine leichte rote oder violette Färbung aufweisen.

Das größte deutsche Spargelanbaugebiet liegt in Niedersachsen, in der Region um Braunschweig, Lüneburg und Wolfenbüttel. In Rheinland-Pfalz wird Spargel um Landau, Schifferstadt und Ingelheim, in Hessen um Darmstadt und Groß-Gerau, in Baden-Württemberg um Schwetzingen, Bruchsal und Karlsruhe angebaut. In Bayern liefern die Gebiete um Fürth, Schrobenhausen und Bamberg beste Ware. Aus der Mark Brandenburg kommt der Beelitzer Spargel.

Die inneren Werte

Mit Spargel kann man sich gesund schlemmen. Er belebt den Stoffwechsel, weshalb man die Spargelzeit nutzen sollte, um den Körper zu entschlacken und zu vitalisieren.

Vitamine

Spargel ist reich an Vitaminen der B-Gruppe, vor allem an Folsäure. Ihr verdankt der Spargel viele seiner positiven Wirkungen. Folsäure sorgt für ein gesundes Nervengerüst, aktiviert das Zellwachstum und regt die Blutbildung an. Damit bedingt sie gesunde Schleimhäute, Augen, Haut und Haare. Der Gehalt von Spargel an Vitamin C und E schützt den Körper vor freien Radikalen und trägt damit ebenso zum Schutz der Zellen bei. Auch enthält er das für ein gesundes Sehvermögen unverzichtbare Beta-Karotin, auch bekannt als Provitamin A.

Bereits eine Portion Spargel deckt den Tagesbedarf eines Erwachsenen an Vitamin E und Folsäure.

Schwefelhaltige Verbindungen verleihen dem Spargel seinen typischen Geschmack.

Mineralstoffe und Spurenelemente

Spargel wirkt dank seines hohen Gehalts an Kalium entwässernd und entschlackend. Das Gemüse enthält zudem das Spurenelement Zink, ein wichtiger Bestandteil von Enzymen. Zink fördert die Heilung von Wunden, aktiviert die Gehirntätigkeit und kräftigt Bindegewebe und Gefäße. Sein Gehalt an Kalzium und Phosphor stärkt das Knochengerüst. Eisen und Magnesium runden das ausgewogene Angebot an Mineralstoffen ab.

Ballaststoffe

Ernährungsphysiologisch wichtig sind die im Spargel in großen Mengen enthaltenen Ballaststoffe. Sie fördern die Verdauung, ohne den Körper zu belasten. Außerdem ist Spargel energiearm: 100 Gramm Rohware enthalten nur 18 Kilokalorien/75 Kilojoule.

Biostoffe

Die in Spargel enthaltenen Asparagin-, Apfel- und Zitronensäuren regen die Nierentätigkeit an und fördern so die Entwässerung und Entschlackung. Spargel enthält darüber hinaus schwefel- und stickstoffhaltige Substanzen.

Spargel in der Diätetik

Als energiearmes Gemüse wird Spargel in vielen Kostformen verwendet.

● Ideal ist Spargel für Übergewichtige, da er praktisch kein Fett enthält und zudem ballaststoffreich ist. Darüber hinaus unterstützt die entwässernde Wirkung von Spargel bei der Gewichtsreduktion.

● Für Diabetiker ist Spargel besonders interessant, da er aufgrund seines geringen Kohlenhydratgehalts in größeren Mengen gegessen werden darf. Für 400 Gramm Spargel muss nur eine Broteinheit angerechnet werden.

● Die entwässernde Wirkung von Spargel sollte allerdings von Personen mit erhöhtem Harnsäurespiegel beachtet werden. Zwar gehört Spar-

gel mit etwa 25 Milligramm gebildeter Harnsäure pro 100 Gramm geputztem Gemüse zu den Lebensmitteln mit niedrigem Gehalt an Harnsäure, er weist jedoch höhere Werte als etwa Paprikaschoten, Tomaten und Möhren auf. Bei hohem Verzehr von Spargel (Portionen von mehr als 500 Gramm pro Tag) steigen die Harnsäurewerte an. Die entwässernde Wirkung von Spargel verstärkt dabei auch die Nierentätigkeit, weshalb es sehr wichtig ist, gleichzeitig reichlich neutrale Flüssigkeit, z.B. Mineralwasser, zuzuführen, um die Harnsäure gleich wieder auszuscheiden.

● In seltenen Fällen reagieren entsprechend disponierte Personen allergisch auf Spargel.

Zehn gute Gründe, Spargel zu essen

❶ Spargel regt die Nierentätigkeit an, er entwässert und entsäuert.

❷ Spargel stärkt die Nerven.

❸ Spargel wirkt zellverjüngend, fördert die Blutbildung und die Sauerstoffversorgung.

❹ Spargel kräftigt die Schleimhäute im Körper.

❺ Spargel aktiviert den Eiweiß-, Kohlenhydrat- und Fettstoffwechsel.

❻ Spargel wirkt gegen Darmträgheit und Verstopfung.

❼ Spargel aktiviert das Zellwachstum und stärkt Haut, Haare und Bindegewebe.

❽ Spargel hilft bei Gedächtnisschwäche und Konzentrationsmangel.

❾ Spargel hilft bei Sehschwäche und Nachtblindheit.

❿ Spargel gilt als Aphrodisiakum.

Leider kann Spargel auch je nach Anbau hohe Nitratkonzentrationen aufweisen; daher sollte man ihn, wenn er einmal gegart ist, nicht wieder aufwärmen.

Der richtige Umgang

Tipps zum Spargelkauf

Frischer Spargel »knirscht« beim Aneinanderreiben und lässt sich leicht brechen. Prüfen Sie vor dem Kauf die Ware, indem Sie mit einem Fingernagel eine Schnittfläche einritzen; sie soll noch saftig sein.

Kaufen Sie grundsätzlich nur frische Ware. Frische Spargelstangen sind glatt und glänzend, ihre Köpfe sind fest und geschlossen, die Schnittflächen noch saftig und feucht. Vorsicht gilt bei Spargelbündeln in Papiermanschetten: Wenn diese Kunststoffbeschichtungen haben, kann sich an den Schnittstellen schnell Schimmel bilden. Spargel gibt es lose oder in 500-Gramm-Bündeln. Jede Ware muss Angaben über die Herkunft tragen.

Richtig lagern

Unmittelbar nach dem Einkauf die Stangen waschen und abtropfen lassen und die Enden nachschneiden. Ein frisches Geschirrtuch nass machen, gut auswringen und den Spargel darin einwickeln. So hält er sich ein bis zwei Tage frisch. Soll der Spargel länger aufbewahrt werden, zusätzlich noch in eine Plastik-

tüte packen. Länger als maximal vier Tage sollten Sie frischen Spargel nicht aufbewahren. Er riecht sonst muffig und schmeckt unangenehm.

Spargel konservieren

Einfrieren ist die einfachste Möglichkeit, Spargel zu konservieren. Dafür die erntefrischen Stangen waschen, schälen und nebeneinander mit Abstand auf ein Tablett legen. Dieses für einige Stunden in ein Tiefkühlgerät geben, dann die gefrorenen Stangen in Plastikdosen oder -tüten verpacken. So hält sich eingefrorener Spargel mindestens zwei bis drei Monate. Für eine längere Lagerung ist es besser, die einzeln eingefrorenen Stangen kurz in kaltes Wasser zu tauchen. Dadurch werden sie mit einer dünnen Eisschicht überzogen, die das Gemüse vor dem Austrocknen schützt. Zum Weiterverarbeiten den tiefgefrorenen Spargel wie frischen verwenden. Die Garzeit verkürzt sich durch das Einfrieren um etwa fünf Minuten. Aus den Schalen, die beim Vorbereiten von Spargel anfallen, können Sie einen Sud bereiten, der als Basis für Suppen oder Saucen dienen kann. Dafür die Schalen 15 Minuten auskochen, in einem Haarsieb ausdrücken und nach Bedarf portionsweise einfrieren. Oder Sie geben die Schalen dem Kochwasser bei, damit der Spargel vollmundiger schmeckt.

Eingelegter Spargel

Für zwei hohe 2-Liter-Gläser benötigen Sie 2,5 Kilogramm weißen Spargel. Die Stangen schälen und auf Glaslänge zuschneiden. Die Stangen dicht nebeneinander in das Glas stellen. Die Schalen in 400 Milliliter Wasser auskochen und abseihen. Den Spargelsud mit 1/2 Liter Weißweinessig, 1 gehäuften Esslöffel Salz, 2 Esslöffeln Zucker, 2 Lorbeerblättern und je 1 Teelöffel schwarzen und roten Pfefferkörnern aufkochen. Von einer unbehandelten Zitrone 5 Zentimeter Schale dünn abschälen, in feine Streifen schneiden und dazugeben. Den kochend heißen Sud über den Spargel gießen, die Gläseröffnung mit einem Teller abdecken und bis zum nächsten Tag stehen lassen. Den Sud in einen Topf abgießen, nochmals aufkochen und wieder über den Spargel gießen. Den Backofen auf 150 °C (Umluft 130 °C, Gas Stufe 1) vorheizen, die Fettpfanne auf die untere Schiene schieben und mit Wasser füllen. Die Gläser verschließen und etwa 30 Minuten sterilisieren. Wenn in den Gläsern Bläschen aufsteigen, den Backofen ausschalten und die Gläser darin abkühlen lassen.

Eine weniger bekannte, aber nicht minder raffinierte Art, Spargel zu konservieren, ist das Einlegen in eine würzige Marinade – ideal als pikante Beilage. Spargelköpfe oder Bruchspargel kann in kleinen Gläsern konserviert werden, die man auch im Schnellkochtopf sterilisieren kann.

Spargel vor- und zubereiten

1 Spargel kurz waschen, dabei darauf achten, dass die Köpfe gründlich gespült werden.

2 Von oben nach unten schälen; weißen Spargel ab den Köpfen, grünen nur im unteren Drittel.

3 Die harten Spargelenden etwa 5 Millimeter breit – bei holzigem Spargel großzügiger – abschneiden.

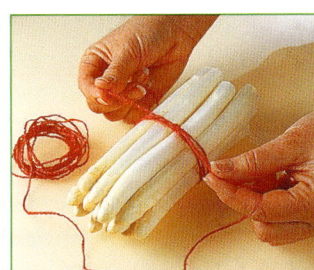

4 Ganze Spargelstangen vor dem Kochen mit Küchengarn zusammenbinden.

5 Weißen Spargel 15 bis 20 Minuten, grünen Spargel 10 bis 15 Minuten im Sud garen.

6 Die Stangen dürfen sich leicht durchbiegen, aber nicht nach unten hängen, wenn man sie mittig hält.

Beim Garen von Spargelstücken die Köpfe zur Seite legen und erst 4 bis 5 Minuten vor Ende der Garzeit dazugeben.

Küchenhelfer und Serviertipps

Es gibt verschiedene Hilfsmittel, die es erleichtern, Spargel fachgerecht und einfach zuzubereiten.

● Zum Schälen

Praktisch sind Spargelschäler. Sie haben entweder eine, in ein festes Stahlblatt eingesetzte Klinge, die auf die Schalenstärke eingestellt werden kann. Oder sie klemmen die Spargelstange wie in einer Zange ein und ziehen die Schale einfach ab. Pendelschäler haben eine bewegliche Klinge, die sich der Form des Schälguts anpasst. Sie eignen sich gut, um Spargel möglichst dünn zu schälen. Es gibt sie sowohl für Rechts- als auch für Linkshänder. Doch auch mit Sparschälern oder einfachen Schälmessern lässt sich, mit etwas Geschick, Spargel schälen.

Sparschäler weisen zwei fest stehende Klingen auf. Sie gehören zur Grundausstattung einer jeden Küche und sind für Spargel bestens geeignet.

● Zum Kochen

Um Spargel im Ganzen zu kochen, gibt es spezielle Spargeltöpfe. Das sind hohe Töpfe mit einem Siebeinsatz, in dem die Stangen senkrecht im Wasser stehen können. Die Köpfe ragen dabei aus dem Wasser heraus und werden im Dampf schonend gegart. Diese Spargeltöpfe eignen sich auch bestens für anderes Gemüse oder für Nudeln. Spargelstangen können aber auch in länglichen Fischtöpfen mit Hebeeinsatz gegart werden. Für kleinere Haushalte reichen normale flache Töpfe oder Pfannen mit hohem Rand vollkommen aus, besonders dann, wenn Sie die Garmöglichkeiten Braten und Dünsten, die auch in diesem Buch vorgestellt werden, für sich entdecken.

● Zum Servieren

Eine Spargelzange ist sehr hilfreich beim Herausheben der gegarten Stangen aus dem Kochwasser flacher Behälter und zum Servieren. Es gibt auch eine große Auswahl an dekorativen Porzellanplatten, -tellern oder -schalen mit Spargelmotiven.

Das passt zum Spargel

Das delikate Frühlingsgemüse lässt sich sehr vielseitig mit anderen Zutaten kombinieren. Klassisch ist die Zubereitung von weißem Spargel mit gekochten Kartoffeln und würzigem rohem oder gekochtem Schinken, beträufelt mit zerlassener Butter. Doch auch mit feinen Nudeln oder mit Reis schmeckt Spargel sehr gut, wie viele Rezepte mit dem herzhafteren grünen Spargel beweisen. Fisch und Fleisch sind für alle Spargelsorten beste Begleiter. Besonders gut harmoniert Spargel mit anderem Frühlingsgemüse wie Zuckerschoten, Perlerbsen, jungen Möhren, Frühlingszwiebeln, Radieschen, Spinat und Kohlrabi. Wer es gern etwas kontrastreicher möchte, kombiniert Spargel auch mit Tomaten oder Brokkoli und aromatisiert mit Thymian, Rosmarin oder Rucola.

Spargel und Wein

Ein feines und delikates Spargelgericht wird am besten mit einem passenden Wein abgerundet. Zu Spargel ist grundsätzlich Weißwein ideal. Dabei kann man einen Wein wählen, der sich dem milden Spargelaroma anpasst, oder, ganz nach individuellem Geschmack, einen Wein kombinieren, der in einem harmonischen Kontrast zum speziellen Spargelgeschmack steht.

● Als klassische Kombination zu grünem oder weißem Spargel gelten junge, frische, säurearme trockene Weißweine, wie etwa Silvaner, Gutedel oder Müller-Thurgau, Soave, Arneis, Prosecco oder ein guter Sauvignon oder Chardonnay.

● Wenn Sie dem Spargel etwas Kontrast entgegensetzen wollen, passen gehaltvollere Weißweine, wie z. B. ein vollreifer Weißburgunder, ein älterer Riesling oder Verdicchio dazu. Diese Weine haben eine kräftige gelbe Farbe und können drei bis fünf Jahre alt sein.

● Zu Spargelgerichten mit üppigen Saucen oder mit Fleisch oder Fisch dürfen die Weine noch etwas kräftiger sein. Sehr gut passen dazu trocken ausgebaute Spätlesen oder im Barriquefass gereifte Weißweine. Sie harmonieren gut mit der süßen Komponente des Spargels.

Zum Spargel sollten Sie keinen Rotwein trinken, da seine Gerbstoffe die Resorption von Vitamin B1 vermindern und es dadurch nicht vom Körper ausgenutzt werden kann.

Vorspeisen und Salate

Die belebende Wirkung von Spargel kommt bestens zur Geltung, wenn man das edle Gemüse zu Beginn einer Menüfolge reicht. Für frische Salate und raffinierte Vorspeisen sollte aber nur wirklich erntefrischer Spargel verwendet werden. Denn kurz nach dem Stechen enthält er seine wertvollen Inhaltsstoffe noch in hohen Konzentrationen. Um diese in vollem Umfang aufnehmen zu können, zeigt dieses Kapitel Beispiele, wie man Spargel in wenig Flüssigkeit kocht, nur kurz gart oder gar roh verzehrt.

Falls Ihnen Rucola
zu streng schmeckt,
können Sie ihn auch
durch Feldsalat
ersetzen.

Für Gäste

Rucola-Spargel-Salat mit Champignons

Für 4 Portionen

500 g weißer Spargel

100 g Champignons

20 g Butter

Salz

1 Prise Zucker

100 g Rucola

1 Bund Radieschen

Vinaigrette:

2 EL Sherry- oder Apfelessig

Salz

frisch gemahlener bunter Pfeffer

2 EL Haselnuss- oder Walnussöl

🕐 **35 Minuten**

1 Den Spargel waschen, die Stangen schälen und die harten Enden abschneiden. Die Spargelköpfe ab- und einmal längs durchschneiden. Die Stangen schräg in Scheiben schneiden.

Mit seinem kräftigen Geschmack passt der Rucolasalat bestens zu Spargel und Champignons.

2 Die Champignons putzen, wenn nötig kurz abspülen und in feine Scheiben schneiden.

3 In einer Sauteuse die Butter zerlassen und alle Spargelteile hineingeben. 1 Tasse Wasser angießen und mit Salz und Zucker würzen. Den Spargel zugedeckt in 5 bis 7 Minuten nicht zu weich garen.

4 Die Champignons unter den Spargel mischen und alles zusammen noch 5 Minuten ziehen lassen. Gegen Ende der Kochzeit soll die Flüssigkeit nahezu verdunstet sein.

5 Die Rucolablätter waschen, abtropfen lassen und grob schneiden. Die Radieschen putzen, waschen und in dünne Scheiben schneiden.

6 Essig, Salz, Pfeffer und Öl zu einer Vinaigrette verrühren.

7 Die warme Spargel-Champignon-Mischung sowie die Rucolablätter und die Radieschenscheiben in einer Schüssel vermischen und mit der Salatsauce beträufeln.

Tipp der Köchin

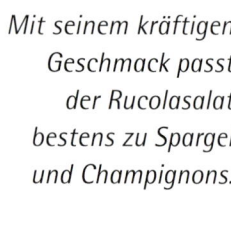

Zusätzlich können Sie in diesen Salat noch hart gekochte Eier und/oder Schinkenstreifen geben.

Gelingt leicht

Grüner Spargel mit Ei-Vinaigrette

Für 4 Portionen

4 Eier
1 Bund Schnittlauch
1 Kästchen Kresse
1 kg grüner Spargel
Salz
1 Prise Zucker
2 TL milder heller Essig
1 TL Dijonsenf
4 EL kaltgepresstes Öl
frisch gemahlener bunter Pfeffer

🕐 **30 Minuten**

1 Eier in 8 bis 10 Minuten hart kochen. Abschrecken, pellen und fein hacken. Schnittlauch und Kresse waschen, trocknen, fein schneiden.

2 Spargel waschen, die Enden abschneiden und die Stangen im unteren Drittel schälen. Etwa 1 Liter Wasser mit Salz und Zucker aufkochen und den Spargel darin in 10 bis 15 Minuten nicht zu weich garen. Herausheben und abtropfen lassen.

3 Essig mit 4 bis 5 Esslöffeln Spargelkochwasser, Senf, Öl, Salz, Pfeffer und den Kräutern verrühren. Die Eier unterheben. Spargel anrichten, die Vinaigrette darüber verteilen.

Der kräftige Geschmack von grünem Spargel kommt mit der milden Ei-Vinaigrette voll zur Geltung.

Für Gäste

Spargelsalat mit Zuckerschoten und Lachs

Zuckerschoten sind die unreifen Erbsenschoten. Sie heißen auch Kaiserschoten, Mange-tout oder Erbsschoten.

Für 4 Portionen

4 Eier

500 g weißer Spargel

Salz

150 g Zuckerschoten

50 g Räucherlachs

8 Salatblätter

1 Frühlingszwiebel

Vinaigrette:

2 EL Himbeer- oder Weißweinessig

2 TL Dijonsenf

Salz

frisch gemahlener bunter Pfeffer

2 EL kaltgepresstes Öl

🕐 **40 Minuten**

Dieser Salat ist eine köstliche Kombination aus knackig-frischen Zuckerschoten, zartem Spargel und Räucherlachs.

1 Eier in 8 bis 10 Minuten hart kochen. Abschrecken, auskühlen lassen.

2 Spargel waschen, schälen und die harten Enden abschneiden. Salzwasser aufkochen und den Spargel darin in etwa 10 Minuten nicht zu weich kochen. Herausheben, die Köpfe abschneiden und die Stangen schräg in feine Scheiben schneiden.

3 Die Zuckerschoten waschen und putzen, dabei eventuelle Fäden abziehen. In dem Spargelwasser 5 Minuten kochen. Herausheben und abtropfen lassen. Die Eier pellen und halbieren. Den Lachs in Streifen schneiden.

4 Die Salatblätter waschen und abtropfen lassen. Die Frühlingszwiebel putzen, waschen und in feine Ringe schneiden.

5 Für die Vinaigrette Essig, Senf, Salz, Pfeffer und Öl miteinander verrühren. Die Spargelstangenstücke, die Frühlingszwiebel und die Zuckerschoten unterheben.

6 Je 2 Salatblätter auf einen Teller geben. Das marinierte Gemüse darauf anrichten. Mit den Spargelköpfen, den Eihälften und dem Lachs ansprechend garnieren.

Tipp der Köchin

Bereiten Sie diesen Salat in der Frühlingszeit für festliche Anlässe zu, bei dem etwa Ihre Ostereier Verwendung finden können. Wenn Sie es ganz edel mögen, rühren Sie in die Vinaigrette noch etwas Kaviar ein.

Für Gäste

Spargelsülze mit Senfsauce

Für 4 Portionen

1 Päckchen gemahlene Gelatine
2 Eier
4 Stängel Petersilie oder
1 Bund Schnittlauch
400 g weißer Spargel
1/2 l Gemüsebrühe
100 g Erbsen (TK)
Salz
1 Prise Currypulver

Senfsauce:

200 g Crème fraîche
4–6 TL Dijonsenf
Salz
Zucker

🕐 **30 Minuten**
2 Stunden Kühlzeit

Gemahlene Gelatine kann durch Blattgelatine ersetzt werden. Dabei entsprechen 6 Blatt Gelatine 1 Päckchen gemahlener Gelatine. Die Blattgelatine etwa 5 Minuten in kaltem Wasser einweichen, gut ausdrücken und in die heiße Speise einrühren.

1 Gelatine in 1/2 Tasse kaltem Wasser einweichen und quellen lassen.

2 Eier in 8 bis 10 Minuten hart kochen. Aus dem Wasser heben und kalt abschrecken. Die Kräuter waschen, trocknen und fein hacken.

3 Den Spargel waschen, schälen, die harten Enden abschneiden und die Stangen in 1 Zentimeter kleine Stücke schneiden. Die Gemüsebrühe in einem Topf erhitzen und die Spargelstücke darin in 5 bis 10 Minuten nicht zu weich kochen. Sobald der Spargel fast weich ist, die Erbsen dazugeben und 2 bis 3 Minuten mitziehen lassen.

4 Die Kräuter einrühren und mit Salz und Currypulver würzen. Die Gelatine in die heiße Brühe mit dem Gemüse geben und unter Rühren vollständig auflösen.

5 Die Eier pellen und halbieren. Je eine Eihälfte mit der Schnittfläche nach unten in ein Portionsförmchen oder -schälchen legen. Die Gemüsemasse einfüllen und oben glatt streichen. Die Spargelsülze im Kühlschrank in etwa 2 Stunden fest werden lassen.

6 Für die Sauce die Crème fraîche in einem Topf erhitzen. Den Senf einrühren und die Sauce mit Salz und etwas Zucker würzen.

7 Vor dem Servieren die Portionsförmchen oder -schälchen kurz in heißes Wasser tauchen. Den Rand mit einem Messer lösen und je ein Sülzchen auf einen Teller stürzen. Die Senfsauce darauf anrichten und sofort servieren.

Edle Vorspeise

Bresaola-Carpaccio mit rohem Spargel

Für 4 Portionen

4 dicke Stangen weißer Spargel

50 g hauchdünn geschnittener Bresaola

1 Bund Rucola oder 25 g Kresse

Marinade:

2 EL Zitronensaft

Salz

frisch gemahlener bunter Pfeffer

4 EL mild-aromatisches Öl, z. B. Haselnussöl

🕐 **20 Minuten**

1 Spargel waschen, schälen, die harten Enden abschneiden und die Stangen schräg in 2 bis 3 Millimeter dünne, feine Scheibchen schneiden.

2 Für die Marinade Zitronensaft, Salz, Pfeffer und Öl miteinander verrühren. Über den Spargel träufeln und unterheben.

3 Den Schinken auf Portionstellern oder einer Platte auslegen. Den marinierten Spargel darauf verteilen.

4 Den Rucola oder die Kresse waschen und trocknen. Auf dem Spargel verteilen. Alles mit etwas grob gemahlenem Pfeffer bestreuen.

Carpaccio aus Bresaola – ein würziger, luftgetrockneter Rinderschinken aus der Lombardei – ist eine gute Alternative für alle, die kein rohes Fleisch mögen.

21

Kartoffeln saugen je nach Sorte unterschiedliche Mengen an Flüssigkeit auf. Daher sind die Angaben in den Rezepten zur Menge an Gemüsebrühe für Kartoffelsalate meist nur Anhaltspunkte.

Für Gäste

Kartoffelsalat mit grünem Spargel

Für 4 Portionen

1 kg kleine bis mittelgroße, fest kochende Kartoffeln

500 g grüner Spargel

Salz

1 Schalotte

1/2 TL gekörnte Gemüsebrühe

2 EL Apfel- oder Kräuteressig

2 EL Sonnenblumenöl

frisch gemahlener bunter Pfeffer

1 Bund Schnittlauch oder Rucola

🕐 **40 Minuten**

1 Die Kartoffeln waschen und mit der Schale in wenig Wasser in 20 bis 30 Minuten weich kochen.

2 Inzwischen den Spargel waschen und die harten Enden abschneiden. Die Stangen im unteren Drittel schälen, in Stücke schneiden und dicke Stücke noch einmal längs durchschneiden. 1/4 Liter Salzwasser zum Kochen bringen und den Spargel darin zugedeckt in etwa 10 Minuten nicht zu weich garen.

3 Schalotte abziehen und fein würfeln. In eine Salatschüssel geben.

4 Den Spargel aus dem Topf heben und zur Seite stellen. Im restlichen Spargelkochwasser die Gemüsebrühe auflösen und noch warm über die Schalotte gießen. Essig, Öl, Salz und Pfeffer miteinander verrühren und über die Schalotte träufeln.

5 Die Kartoffeln abgießen, mit kaltem Wasser abschrecken, pellen, in feine Scheiben schneiden und sofort in die Marinade geben.

6 Schnittlauch oder Rucola waschen, trocknen und fein schneiden. Mit dem Spargel unter die Kartoffeln mischen.

Tipp der Köchin

Servieren Sie zu diesem Salat einen aromatischen Schinken, kurz gebratenes Fleisch oder Fisch. Auch hart gekochte Eier passen gut dazu.

Frischer Schnittlauch verleiht dem Kartoffelsalat eine feine, zwiebelähnliche Würzung.

Spargel in Zitronenmarinade

Für 4 Portionen

1 kg weißer oder grüner Spargel
Salz, 1 Prise Zucker
1 unbehandelte Zitrone
frisch gemahlener bunter Pfeffer
4 EL kaltgepresstes Olivenöl
4 Stängel glatte Petersilie
10 Blättchen Zitronenmelisse

🕐 **15 Minuten**
2 Stunden Marinierzeit

1 Spargel waschen, schälen, putzen. 3 Liter Wasser mit Salz und Zucker aufkochen und den Spargel darin 5 Minuten blanchieren. Herausheben, abtropfen lassen und in eine flache Schale legen.

2 Die Zitrone heiß abwaschen und die Hälfte der Schale dünn abreiben. Saft auspressen und 2 bis 3 Esslöffel davon mit Salz, Pfeffer und Öl verrühren. Petersilie waschen, trocknen, fein hacken und einrühren.

3 Die Marinade auf den Spargel gießen. Zitronenschale darüber streuen. 2 Stunden marinieren.

4 Den Spargel mit der Zitronenmelisse garnieren und servieren.

Der Kartoffelsalat mit grünem Spargel ist lauwarm und kalt ein Hochgenuss.

23

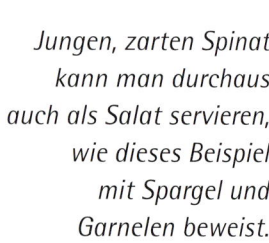

Tipp der Köchin

Diesen Salat können Sie lauwarm oder kalt servieren, er schmeckt gleichermaßen gut. Reichen Sie dazu frisches Weißbrot und einen guten Weißwein.

Für Genießer

Spargelsalat mit Garnelen und Spinat

Für 4 Portionen

250 g weißer Spargel

250 g grüner Spargel

8 Garnelenschwänze (roh, mit Schale)

250 g Spinat

2 Frühlingszwiebeln

20 g Butter

Salz

Zucker

frisch gemahlener Pfeffer

Zitronensauce:

1 EL Zitronensaft

Salz

frisch gemahlener bunter Pfeffer

2 EL Olivenöl

🕐 **40 Minuten**

1 Spargel waschen. Die Stangen von oben nach unten schälen, die weißen ab den Köpfen, die grünen nur im unteren Drittel. Die harten Enden abschneiden. Alle Köpfe ab- und einmal längs durchschneiden. Die Stangen schräg in Scheiben schneiden.

Jungen, zarten Spinat kann man durchaus auch als Salat servieren, wie dieses Beispiel mit Spargel und Garnelen beweist.

2 Garnelen aus der Schale brechen, am Rücken einritzen und den dunklen Darm entfernen. Kalt abspülen.

3 Den Spinat verlesen, waschen, abtropfen lassen und einige Blättchen zum Garnieren beiseite legen. Die Frühlingszwiebeln putzen, waschen und in feine Streifen schneiden.

4 Die Butter in einer Pfanne zerlassen und den gesamten Spargel hineingeben. 1 Tasse Wasser angießen und je 1 Prise Salz und Zucker einstreuen. Den Spargel zugedeckt 5 bis 10 Minuten garen.

5 Garnelen zum Spargel geben, etwas pfeffern und in der offenen Pfanne 3 bis 5 Minuten garen, dabei die Flüssigkeit nahezu verdunsten lassen. Spinat und Frühlingszwiebeln zugeben und alles zugedeckt weitere 2 bis 3 Minuten dünsten. Herausheben und auf Tellern anrichten.

6 Für die Sauce Zitronensaft, Salz, Pfeffer und Öl verrühren und über den Salat geben. Mit den restlichen Spinatblättern anrichten.

Gelingt leicht

Bunter Spargelsalat mit Schinken und Kresse

Kürbiskernöl ist eine Spezialität aus der Steiermark. Es schmeckt intensiv nussig und ist dunkelgrün in der Farbe.

Für 4 Portionen

500 g weißer Spargel

500 g grüner Spargel

1 EL Butter

200 g Egerlinge oder Austernpilze

2 EL Apfelessig

2 EL Sonnenblumen- oder Olivenöl

Salz

frisch gemahlener bunter Pfeffer

1 Bund Radieschen

100 g gekochter Schinken

40 g Parmesan am Stück

1 Kästchen Kresse

1 TL Kürbiskernöl

🕐 45 Minuten

1 Den Spargel waschen. Die Stangen von oben nach unten schälen, die weißen ab den Köpfen, die grünen nur im unteren Drittel. Die harten Enden abschneiden. Die Köpfe abtrennen und beiseite legen. Die Stangen in 2 Zentimeter lange Stücke schneiden, dicke Stangen längs halbieren.

Austernpilze erfreuen sich immer größerer Beliebtheit. Mit ihrem feinen, milden Geschmack lassen sie sich vielfältig kombinieren.

2 In einer Pfanne die Butter erhitzen und die Stangenstücke darin anbraten. 1/8 Liter Wasser angießen und den Spargel zugedeckt bei mittlerer Hitze 10 bis 15 Minuten garen.

3 Inzwischen die Pilze kurz abspülen und in feine Scheiben schneiden.

4 Die Spargelköpfe und die Pilze in der Pfanne 5 bis 7 Minuten bei geschlossenem Deckel mitdünsten. Gegen Ende der Garzeit den Deckel abnehmen und die Flüssigkeit verdunsten lassen.

5 Den Pfanneninhalt in eine große Schüssel geben. Essig und Öl untermischen. Den Salat mit Salz und Pfeffer würzen.

6 Die Radieschen putzen, waschen und in feine Scheiben schneiden. Den Schinken in Streifen schneiden. Beides unter den Salat heben. Den Parmesan mit einem Sparschäler in Scheibchen hobeln und diese über den Salat streuen.

7 Die Kresse abspülen, trocknen, abschneiden und den Salat damit garnieren. Das Kürbiskernöl vor dem Servieren in feinen Tropfen über den Salat träufeln.

Spargelstreifen mit Parmesan und Shrimps

Für 4 Portionen

500 g dicke weiße oder grüne Spargelstangen

Saft von 1 Zitrone

Salz

frisch gemahlener bunter Pfeffer

50 g Parmesan am Stück

2 EL mild-aromatisches Olivenöl

250 g gegarte, geschälte Shrimps (TK)

4 Stängel Dill oder glatte Petersilie

🕐 30 Minuten

1 Spargel waschen, schälen und die harten Enden entfernen. Die Spargelstangen mit dem Sparschäler in dünne Streifen schneiden.

2 Zitronensaft über die Spargelstreifen gießen. Mit Salz und Pfeffer würzen. Mit einem Sparschäler vom Parmesan feine Scheibchen abhobeln und unter den Salat heben. Das Öl in Tropfen darüber verteilen.

3 Die Shrimps unter kaltem Wasser abspülen und auf einem Sieb abtropfen lassen. Die Kräuter waschen, trocknen, die Blätter abzupfen und größere grob zerrupfen. Mit den Shrimps unter den Spargel mischen.

Eine bunte Mischung aus Spargel, Schinkenstreifen und Kresse – zu einem köstlichen Salat vereint.

International

Spargelsalat mit Orangen-sauce und Hühnerleber

Ein Rezept für Lieb-haber von Innereien. Zu beachten ist, dass Leber, wenn überhaupt, erst nach der Zu-bereitung gesalzen werden darf, sonst wird sie zäh.

Für 4 Portionen

1 kg Spargelköpfe
40 g Butter
1/4 l frisch gepresster Orangensaft
Salz, Zucker
200 g Hühnerleber
2 EL Olivenöl
1 EL Apfelessig
Pfeffer
4 Stängel glatte Petersilie
4 Stängel Basilikum

🕐 **40 Minuten**

1 Die Spargelköpfe waschen und an den Bruchstellen glatt schneiden. Dicke Köpfe längs halbieren.

2 In einer Deckelpfanne die Butter zerlassen und den Spar-gel einlegen. Den

Orangensaft angießen und je eine Prise Salz und Zucker einstreuen. Den Spargel zugedeckt in 7 bis 10 Minuten nicht zu weich kochen. Gegen Ende der Kochzeit den Deckel entfernen und die Flüssigkeit nahe-zu verdunsten lassen. Den Pfanne-ninhalt in eine Schüssel geben.

3 Die Leber kalt abspülen, trocken-tupfen, von Häuten und Sehnen be-freien und in etwa 1 Zentimeter große Würfel schneiden. In einer beschichteten Pfanne das Öl erhit-zen und die Leberwürfel unter Wen-den anbraten. Mit Essig ablöschen, salzen und pfeffern. Die Leberstücke unter den Spargel heben.

4 Die Petersilie und das Basilikum waschen, trocknen, die Blätter von den Stielen zupfen, grob hacken und unter den Salat mischen.

Tipp der Köchin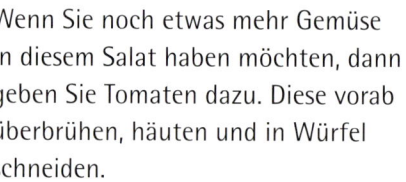

Wenn Sie noch etwas mehr Gemüse in diesem Salat haben möchten, dann geben Sie Tomaten dazu. Diese vorab überbrühen, häuten und in Würfel schneiden.

Klassiker

Spargelröllchen mit Schinken und Käse

Für 4 Portionen

500 g grüner oder weißer Spargel
Salz
1 Prise Zucker
8 größere oder 16 kleinere Scheiben roher oder gekochter Schinken
20 g Parmesan
4 Stängel Petersilie

🕐 **30 Minuten**

1 Spargel waschen, je nach Sorte schälen und die harten Enden ab-schneiden. Die Stangen quer halbie-ren. Etwa 1 Liter Wasser mit Salz und Zucker aufkochen. Den Spargel darin in 15 bis 20 Minuten, je nach Sorte, nicht zu weich kochen.

2 Die Schinkenscheiben auf eine Arbeitsfläche legen. Den Parmesan mit einem Sparschäler in feine Scheibchen hobeln und auf den Schinkenscheiben verteilen. Je 2 bis 3 Spargelhälften darauf legen und fest einrollen.

3 Spargelröllchen auf einer Platte anrichten. Petersilie waschen, trock-nen, die Blätter von den Stängeln zupfen und auf die Röllchen legen.

Ein gelungener Auftakt für ein mediterranes Menü: Spargelsalat mit Hühnerleber und Oran-gensauce.

Aus Topf und Pfanne

Kochen ist die bedeutendste Garmethode für Spargel seit Generationen. Dass dabei viele Nährstoffe ins Kochwasser übertreten, ist leider eine Tatsache. Doch mit den für Spargel »neuen« Methoden Dünsten und Braten gelingt es, die Vitalstoffe weitestgehend zu erhalten. In diesem Kapitel finden Sie traditionelle und kreative Zubereitungsmethoden. Und natürlich auch eine große Anzahl passender Saucen: von geschmolzener Butter über Sauce hollandaise bis hin zu neuen, leichten Kompositionen.

Für Gäste

Spargelcremesuppe mit Zuckerschoten

Als Bruch- oder Brech- spargel bezeichnet man im Handel Stücke von meist weißem Spargel, die entweder mit Kopf sechs Zentimeter bzw. ohne Kopf fünf Zenti- meter lang sind. Für dieses Rezept können Sie auch Spargelreste verwenden.

Für 4 Portionen

500 g Bruchspargel
1 große, mehlig kochende Kartoffel
1/2 Brühwürfel
100 g Zuckerschoten
200 g Sahne
1 Eigelb
Salz, schwarzer Pfeffer
frisch geriebene Muskatnuss
1 Bund Schnittlauch

🕐 **40 Minuten**

1 Die Spargelstücke waschen, wenn nötig schälen und die Bruchstellen glatt schneiden.

2 Zur intensiveren Geschmacks- gebung der späteren Suppe die ab- geschnittenen Teile und -schalen mit 1 1/2 Liter Wasser aufkochen und 15 Minuten zugedeckt kochen lassen. Den Sud abseihen, auffangen und wieder in den Topf geben.

3 Die Kartoffel schälen und in den Spargelsud reiben. Den Brüh-

würfel einrühren. Die Spargelstücke darin 5 bis 10 Minuten kochen.

4 Einige Spargelköpfe zum Garnie- ren herausnehmen, den restlichen Spargel mit der Brühe fein pürieren.

5 Die Zuckerschoten waschen, put- zen und eventuelle Fäden abziehen. Die Schoten in die pürierte Suppe geben und etwa 5 Minuten kochen.

6 Den Topf von der Kochstelle nehmen. Sahne und Eigelb verquir- len und in die Suppe einrühren. Die Suppe nochmals kurz erhitzen; sie darf aber nicht mehr kochen, weil sie sonst gerinnt. Mit Salz, Pfeffer und Muskatnuss würzen.

7 Den Schnittlauch waschen, trock- nen, fein schneiden und in die Sup- pe einrühren oder darüber streuen.

Tipp der Köchin

Zum Würzen dieser Suppe können Sie nach Belieben Gemüse- oder Fleisch- brühe verwenden. Anstelle der Zucker- schoten können Sie auch tiefgefrorene Erbsen nehmen.

Gelingt leicht

Spargel in Schnittlauchsahne

Für 4 Portionen

1 kg weißer Spargel

200 g Sahne

Salz, schwarzer Pfeffer

1 Prise Zucker

2 Bund Schnittlauch

🕐 **30 Minuten**

1 Spargel waschen, ab den Köpfen schälen. Harte Enden abschneiden. Die Stangen in 3 bis 4 Zentimeter große Stücke schneiden.

2 Die Spargelstücke in einen flachen Topf geben. 1/8 Liter Wasser aufgießen und die Sahne zugeben. Mit Salz, Pfeffer und Zucker würzen. Den Topf mit dem Deckel verschließen und den Spargel bei mittlerer Hitze 15 Minuten garen.

3 In der Zwischenzeit den Schnittlauch waschen, trocknen und in feine Röllchen schneiden.

4 Den Deckel vom Topf nehmen und die Sahne cremig einkochen lassen. Den Schnittlauch einrühren und die Sauce abschmecken. Dazu passen gekochte Kartoffeln und geräucherter Schinken.

Eine Spargelcremesuppe ist ein feines Gericht, das man gut zubereiten kann, wenn noch rohe Spargelreste übrig sind.

Tipp der Köchin

Anstelle von Fisch schmecken auch Scampi, Hühnerfilet, Austernpilze oder Apfelscheiben in dieser exotischen Suppe. Kokosmilch, Fischsauce und Zitronenblätter bekommen Sie im Asienladen.

Der Geschmack von Kokos und Zitrone macht diese asiatische Suppe unverwechselbar.

International

Kokos-Zitronen-Suppe mit Spargel

Für 4 Portionen

300 g grüner Spargel
100 g frische Zuckerschoten oder Erbsen (TK)
100 g Frühlingszwiebeln oder Porree
1 Stück frische rote Chili- schote (1–2 cm)
1 unbehandelte Limone oder Zitrone
250 g weißes Fischfilet
2 EL Fischsauce
Salz
1 Prise Zucker
2 Dosen Kokosmilch (à 400 g)
100 ml Weißwein
5 Zitronenblätter
10 Blättchen Zitronenmelisse

🕐 **30 Minuten**

1 Spargel waschen, das untere Drittel der Stangen schälen und harte Enden abschneiden. Den Spargel in Stücke schneiden.

2 Zuckerschoten putzen. Frühlings- zwiebeln oder Porree putzen, waschen und in Ringe schneiden.

3 Von der Chilischote den Stielansatz abschneiden, Samen und weiße Trennwände entfernen, die Schote waschen und in sehr feine Ringe schneiden. (Achtung: Gummihandschuhe verwenden oder danach die Hände gründlich waschen!)

4 Die Limone oder Zitrone waschen und die Hälfte der Schale dünn abreiben. Die Frucht halbieren und eine Hälfte auspressen. Das Fischfilet kalt abspülen, trockentupfen, in Würfel schneiden und mit dem Limonen- oder Zitronensaft und der Fischsauce beträufeln.

5 1/4 Liter Wasser mit Salz und Zucker aufkochen. Den Spargel darin 5 Minuten kochen.

6 Kokosmilch und Wein zum Spargel gießen. Zitronenblätter, abgeriebene Zitronenschale und Gemüse zufügen. Die Suppe weitere 5 Minuten kochen lassen.

7 Den marinierten Fisch in die Suppe geben und noch 5 Minuten ziehen lassen. Die Chiliringe dazugeben. Die Suppe abschmecken und nur nach Bedarf salzen.

8 Die Zitronenmelisse waschen, abtropfen lassen und erst kurz vor dem Servieren über die etwas abgekühlte Suppe streuen.

Die auch als Beurre blanc bekannte Buttersauce passt bestens zum milden weißen Spargel. Nach Wunsch kann sie auch noch mit einem Eigelb legiert werden.

Klassiker

Spargel mit Buttersauce

Für 4 Portionen
1 kg weißer Spargel
Salz
Buttersauce:
4 Schalotten
1/4 l trockener Weißwein
200 g kalte Butter
Salz
frisch gemahlener bunter Pfeffer

⏱ **35 Minuten**

1 Den Spargel waschen. Zum Schälen jede einzelne Stange so in die Hand nehmen, dass der Kopf zwischen Daumen und Zeigefinger liegt und die Stange zum Körper zeigt. Den Spargelschäler dicht unterhalb des Kopfs ansetzen und die Stange von oben nach unten schälen, dabei nach unten hin dicker schälen. Die harten Enden abschneiden. Salzwasser aufkochen und den Spargel darin in 15 bis 20 Minuten nicht zu weich kochen.

2 Für die Buttersauce die Schalotten abziehen und fein zerkleinern. Wein aufkochen und die Schalotten zugeben. Bei starker Hitze unter Rühren auf etwa 4 Esslöffel reduzieren. Die Butter in kleinen Stückchen einrühren. Salzen und pfeffern.

3 Den Spargel aus dem Topf heben, leicht abtropfen lassen und auf eine Platte geben. Mit der Buttersauce begießen und sofort servieren.

Klassiker

Spargel mit brauner Butter

Für 4 Portionen
1 kg weißer oder grüner Spargel
Salz
200 g Butter

⏱ **40 Minuten**

1 Den Spargel waschen. Die Stangen von oben nach unten schälen, die weißen ab den Köpfen, die grünen nur im unteren Drittel. Die harten und holzigen Enden abschneiden. Salzwasser zum Kochen bringen und den Spargel darin je nach Sorte in 10 bis 20 Minuten nicht zu weich kochen.

2 Die Butter in einer Pfanne zerlassen und goldbraun werden lassen. Den Spargel vorsichtig aus dem Topf auf eine Platte heben und mit der Butter begießen.

Tipp der Köchin

In die Butter können Sie auch noch 2 bis 3 Esslöffel Semmelbrösel einrühren und 1 bis 2 Minuten mitrösten. Zum Spargel mit brauner Butter schmecken kleine Kräuter-Pellkartoffeln als Beilage sehr gut. Dazu kleine Pellkartoffeln gar kochen. Währenddessen 1 Bund Schnittlauch oder Petersilie waschen und fein hacken. Die abgegossenen und geschälten Kartoffeln mit den Kräutern bestreuen.

Gelingt leicht

Spargelpäckchen mit Bacon

Für 4 Portionen
500 g grüner Spargel
1–2 EL Butterschmalz oder Olivenöl
Grobes Meersalz
8 Scheiben dünner Bacon

🕐 **20 Minuten**

1 Den Spargel waschen und im unteren Drittel schälen. Die Spargelstangen in der Mitte halbieren.

2 Das Öl in einer Pfanne erhitzen und die Spargelstücke darin unter gelegentlichem Wenden bei schwacher Hitze zugedeckt etwa 7–10 Minuten nicht zu weich dünsten. Mit wenig grobem Salz würzen. Bei Bedarf etwas Wasser angießen.

3 Die gebratenen Spargel aus der Pfanne nehmen und mit jeweils 2 Spitzen und 2 Stangen kleine Bündel bilden und mit einer Scheibe Bacon umwickeln.

4 Die Spargelpäckchen nochmal in die Pfanne legen und einige Minuten anbraten, bis der Speck knusprig ist.

Eine raffinierte Beilage, die schnell zubereitet ist und auch gut als kleine Vorspeise passt.

Für Gäste

Kalte Spargelsuppe

Für 4 Portionen

2 Frühlingszwiebeln
500 g grüner Spargel
20 g Butter
1/2 l Gemüsebrühe
Salz
1 Prise Zucker
50 g Sahne
150 g Naturjoghurt
frisch gemahlener bunter Pfeffer
1 TL Zitronensaft
4 Radieschen
4 Stängel Dill

🕐 **60 Minuten**

Passend zur Spargelsaison gibt es auch frischen Dill. Sein feinwürziger Geschmack passt bestens zu dieser erfrischenden Spargelsuppe.

1 Die Frühlingszwiebeln putzen, waschen und fein schneiden. Den Spargel waschen. Die Köpfe abschneiden und bis zur weiteren Verwendung zur Seite legen. Die Stangen im unteren Teil nach Bedarf schälen und die harten Enden abschneiden.

2 Die Butter in einem Topf zerlassen. Die Frühlingszwiebeln und die Spargelstangen 2 bis 3 Minuten anbraten. Die Hälfte der Brühe angießen und den Spargel darin 10 bis 15 Minuten leicht kochen lassen. Mit Salz und Zucker würzen. Die Suppe mit einem Mixstab pürieren. Abkühlen lassen.

3 Die restliche Brühe in einem zweiten Topf erhitzen und die Spargelköpfe darin etwa 5 Minuten kochen. Den Topf von der Kochstelle nehmen und die Spargelköpfe in der Brühe erkalten lassen.

4 Sahne und Joghurt unter die ausgekühlte Suppe rühren. Mit Pfeffer und Zitronensaft würzen.

5 Die Radieschen putzen, waschen und in hauchfeine Scheiben schneiden. Den Dill waschen, trocknen und die groben Stängel entfernen.

6 Die Suppe auf 4 Teller verteilen. Die Spargelköpfe aus der erkalteten Brühe heben und in die Suppe legen. Mit Radieschenscheiben und Dillblättchen garnieren.

Tipp der Köchin

Dieses Rezept lässt sich sehr gut vorbereiten, da die Suppe vollständig auskühlen soll, bevor sie serviert wird. Man kann sie gut am Tag vorher zubereiten und über Nacht in den Kühlschrank stellen. Diesen praktischen Vorteil kann man sich zunutze machen, wenn man viele Gäste erwartet. Übrigens können Sie diese Suppe ebenso mit weißem Spargel zubereiten, das gibt einen schönen farblichen Kontrast zum grünen Dill.

Mit asiatischer Note

Spargel mit Sojasauce

Für 4 Portionen

1 kg weißer oder grüner Spargel
100 g Butter
4 EL Sojasauce
1 EL Zitronensaft
frisch gemahlener bunter Pfeffer

🕐 **20 Minuten**

1 Den Spargel waschen, je nach Sorte schälen und die harten Enden abschneiden. Die Stangen mit den Köpfen schräg in 5 Millimeter feine Scheiben schneiden.

2 In einer Pfanne die Butter erhitzen und die Spargelscheiben einlegen. 1/8 Liter Wasser zugießen. Den Spargel zugedeckt unter gelegentlichem Rühren 5 Minuten garen.

3 Die Sojasauce und den Zitronensaft einrühren und die Flüssigkeit bei starker Hitze verdunsten lassen. Mit Pfeffer würzen.

Tipp der Köchin

Sie können dieses zarte Gemüse statt mit Sojasauce auch mit 2 Esslöffeln Aceto balsamico würzen.

Spargel mit Sojasauce ist sehr schnell zubereitet und kann zu kurz gebratenem Fleisch oder Fisch mit Reis als Beilage serviert werden.

Ein optischer Genuss

Buntes Spargelgemüse

Buntes Frühlingsgemü-
se ist äußerst beliebt.
Die wohl bekannteste
Mischung ist das »Leip-
ziger Allerlei« mit Spar-
gel, Möhren, Erbsen und
frischen Morcheln.

Für 4 Portionen

500 g Spargel

300 g Bundmöhren

1 Kohlrabi

500 g neue Kartoffeln

2 Frühlingszwiebeln

200 g frische Zuckerschoten oder
Erbsen (TK)

20 g Butter

Kräutersauce:

1 Bund Schnittlauch

1 Bund Petersilie

200 g Crème fraîche

150 g Naturjoghurt

Salz, frisch gemahlener Pfeffer

🕐 **45 Minuten**

1 Spargel waschen und schälen,
harte Enden entfernen. Die Stangen
in Stücke
schneiden,
die Spargel-
köpfe bei-
seite legen.

2 Die Möhren unter fließendem
Wasser mit einer Gemüsebürste
säubern und in 5 Millimeter feine
Scheiben schneiden. Kohlrabi und
Kartoffeln schälen und in 1 bis
2 Zentimeter große Würfel oder
Stifte schneiden.

3 Die Frühlingszwiebeln putzen,
waschen und fein schneiden. Die
Zuckerschoten, falls verwendet,
waschen und eventuelle Fäden
abziehen.

4 In einem flachen Topf die Butter
erhitzen und Möhren, Kohlrabi und
Kartoffeln 1 bis 2 Minuten darin anbraten. 1/4 Liter Wasser angießen
und alles zugedeckt in etwa 10 Minuten eben bissfest garen. Frühlingszwiebeln und Zuckerschoten
oder Erbsen zugeben und weitere
5 Minuten garen.

5 Für die Sauce die Kräuter waschen, trocknen und fein schneiden.
Die Crème fraîche mit dem Joghurt
verrühren. Die Kräuter untermischen, salzen und pfeffern.

6 Das Gemüse auf vorgewärmte
Teller verteilen und mit der Kräutersauce anrichten.

Tipp der Köchin

Dieses Gemüse können Sie zu vielen
Gelegenheiten servieren: Es schmeckt
als raffinierte Beilage zu Fleisch, Fisch,
Kartoffeln, Reis oder Nudeln.

Roh gebratener Spargel

Für 4 Portionen
1 kg grüner oder weißer Spargel
2 EL Traubenkern- oder Olivenöl
Salz, frisch gemahlener Pfeffer
1 Bund glatte Petersilie
2 EL geriebener Parmesan

🕑 40 Minuten

1 Den Spargel waschen, je nach Sorte schälen und die Spargelköpfe abtrennen. Die Spargelstangen längs halbieren und in 3 Zentimeter lange Stifte schneiden.

2 In einer beschichteten Pfanne das Öl erhitzen und die Spargel-stangenstücke darin unter gelegent-lichem Rühren bei schwacher bis mittlerer Hitze zugedeckt 10 bis 15 Minuten garen. Bei Bedarf etwas Wasser angießen.

3 Die Köpfe weitere 5 bis 7 Minu-ten mitdünsten. Gegen Ende der Garzeit den Deckel abnehmen, die Flüssigkeit verdunsten lassen.

4 Spargel salzen und pfeffern. Petersilie waschen und trocknen. Blätter abzupfen und unter das Gemüse mischen. Mit dem geriebe-nen Parmesan bestreuen.

Der Frühling zeigt sich von seiner besten Seite – mit jungem, buntem Gemüse und frischen Kräutern.

41

Sauce hollandaise

Hier wird die Sauce hollandaise mit einigen Varianten vorgestellt. Die klassische Buttersauce ist und bleibt die beliebteste Spargelbegleiterin.

Grundrezept für 4 Portionen
125 g Butter
2 Eigelbe
4 EL Weißwein oder 1 EL Sherryessig
1–2 TL Zitronensaft
Salz, frisch gemahlener Pfeffer

🕐 **20 Minuten**

1 Butter zerlassen, beiseite stellen und abkühlen lassen.

2 Eigelbe, Wein oder Essig über einem Wasserbad mit einem Schneebesen schaumig schlagen. Das Wasser dabei immer unter dem Siedepunkt halten. Rühren, bis eine dickcremige Masse entstanden ist. Von der Kochstelle nehmen.

3 Die Butter tropfenweise einrühren. Die Sauce mit Zitronensaft, Salz und Pfeffer abschmecken.

Sauce béarnaise

Sauce hollandaise nach dem Grundrezept zubereiten. Mit einigen Spritzern Worcestershiresauce und 1 Esslöffel gehacktem Estragon würzen.

Sauce maltaise

1 unbehandelte Orange heiß abwaschen. 1 Teelöffel Schale dünn abschälen und fein hacken. Den Saft auspressen und mit der Schale einkochen. Sauce hollandaise nach dem Grundrezept zubereiten, dabei den reduzierten Orangensaft anstelle des Weißweins einrühren.

Sauce mousseline

Sauce hollandaise nach dem Grundrezept zubereiten und 125 Gramm geschlagene Sahne unterziehen. Diese Schaumsauce erst kurz vor dem Servieren fertig stellen, damit ihre luftige Konsistenz voll zur Geltung kommen kann.

Limetten- oder Zitronenhollandaise

Eine Sauce hollandaise nach nebenstehendem Grundrezept zubereiten und zum Schluss 1 bis 2 Teelöffel abgeriebene Schale von unbehandelten Limetten oder Zitronen einrühren. Mit frisch gemahlenem Pfeffer würzen. Mit ihrem fein säuerlichen Geschmack verleiht diese Sauce Spargelgerichten eine angenehme Frische.

Basilikumhollandaise

Eine Sauce hollandaise nach nebenstehendem Grundrezept zubereiten. Zum Schluss mit 1 bis 2 Esslöffeln Tomatenpüree und etwas abgeriebener Schale von 1 unbehandelten Zitrone würzen. Einige Basilikumblättchen waschen, trocknen, in feine Streifen schneiden und in die Sauce einrühren. Diese Sauce bringt optisch etwas Farbe auf den Teller. Sie passt geschmacklich gut zu grünem Spargel.

Trüffelhollandaise

Eine Sauce hollandaise nach nebenstehendem Grundrezept zubereiten, dabei die Butter etwa zur Hälfte durch Trüffelbutter ersetzen oder einige Tropfen Trüffelöl zum Schluss in die Sauce einrühren.

Tipp der Köchin

Die nur mit Ei gebundenen Saucen dürfen nicht kochen, da sie sonst ausflocken, d. h., das Eigelb gerinnt. Sollte dies dennoch passieren, hilft es, wenn man 1 bis 2 Esslöffel kaltes Wasser oder Eiswürfel einrührt. Grundsätzlich sollten Sie bei der Verwendung solcher Eiersaucen darauf achten, das sie nicht zu lange warm gehalten oder gar aufgewärmt werden, da die Eigelbe nicht durcherhitzt sind.

Die Trüffelhollandaise ist ein Hochgenuss. Servieren Sie sie zu gekochtem weißem Spargel und kleinen Kalbsmedaillons.

Es lohnt sich, beim Einkauf nach Limetten Ausschau zu halten. Sie bringen ein wesentlich intensiveres und feineres Aroma als Zitronen mit.

Leichte Ei-Kräuter-Sauce

Für alle, die es etwas »schlanker« mögen, sind auf diesen Seiten einige leichte und schnelle Alternativen zu den gehaltvollen klassischen Ei-Butter-Saucen aufgeführt.

Tipp der Köchin

Diese einfache Sauce gelingt auch Anfängern, da die Speisestärke ein Ausflocken bei zu großer Hitze verhindert. Sie kann auch aufgewärmt werden.

Für 4 Portionen

50 ml Weißwein
1 gestrichener TL Speisestärke
2 Eier
1 TL Dijonsenf
100 g Crème fraîche
1 EL gehackte Petersilien-, Kerbel- oder Bärlauchblätter
Salz, frisch gemahlener Pfeffer

🕐 **10 Minuten**

1 In einem kleinen Topf den Wein mit 50 Milliliter kaltem Wasser vermischen und die Stärke darin glatt rühren.

2 Die Eier aufschlagen und den Senf mit dem Schneebesen einarbeiten.

3 Die Sauce unter Rühren bei schwacher Hitze aufkochen, 1 bis 2 Minuten kochen lassen. Crème fraîche und Kräuter einrühren. Mit Salz und Pfeffer würzen.

Weißweinsauce

Für 4 Portionen

4 Eigelbe
1/4 l Weißwein
Salz
1 Prise Zucker
einige Tropfen Zitronensaft

🕐 **10 Minuten**

1 Eigelbe und Wein über einem Wasserbad oder bei kleiner Hitze auf der Kochstelle schaumig schlagen.

2 Die Sauce mit Salz, Zucker und Zitronensaft abschmecken.

Curry-Joghurt-Sauce

Für 4 Portionen

3 gestrichene TL Speisestärke
2 TL Currypulver
200 ml Gemüse- oder Hühnerbrühe
100 g Sahne
150 g Naturjoghurt
je 1 Prise Salz und Zucker

🕐 **10 Minuten**

1 Speisestärke und Currypulver mit etwas kalter Brühe anrühren. Restliche Brühe und Sahne in einen Topf geben, die angerührte Mischung darin auflösen. Aufkochen, unter Rühren 1 bis 2 Minuten kochen. Von der Kochstelle nehmen.

2 Den Joghurt einrühren und die Sauce mit Salz und Zucker würzen.

Leichte Käsesauce

Für 4 Portionen
2 TL Mehl
1/2 l Milch
100 g Taleggio oder Butterkäse
frisch geriebene Muskatnuss
Salz

🕐 **15 Minuten**

1 Das Mehl in einem Topf trocken (ohne Fettzugabe) unter ständigem Rühren 1 bis 2 Minuten rösten. Mit der Milch ablöschen und glatt rühren. Die Sauce in etwa 5 Minuten cremig einkochen lassen.

2 Käse grob zerkleinern, einrühren und schmelzen lassen. Die Sauce mit Muskatnuss und Salz würzen.

Tipp der Köchin

Zum würzigen grünen Spargel können Sie Gorgonzola für die Sauce nehmen.

Grüne Sahnesauce

Für 4 Portionen
4–6 Stangen grüner Spargel (etwa 200 g)
100 g Sahne
Salz, frisch gemahlener Pfeffer

🕐 **25 Minuten**

1 Den Spargel waschen und die harten Enden entfernen. Die Stangen nur im unteren Drittel schälen und in kleine Stücke schneiden.

2 Die Sahne in einen Topf geben. Die Spargelstücke einlegen und in 10 bis 15 Minuten weich kochen.

3 Den Spargel mit dem Mixstab pürieren. Mit Salz und Pfeffer würzen. Die Sauce nach Belieben noch etwas einkochen lassen.

Tipp der Köchin

Die grüne Sahnesauce können Sie auch gut mit Spinat oder Brokkoli zubereiten und zu dem jeweiligen Gemüse servieren.

Taleggio ist ein italienischer halbfester Schnittkäse mit roter Rinde. Er wird aus Kuhmilch hergestellt und schmeckt leicht säuerlich und aromatisch.

Mit Pasta, Reis und Kartoffeln

Gekochte Kartoffeln als traditionelle Beigabe zu weißem Spargel sind hierzulande wohl bekannt. Außerhalb unserer Landesgrenzen begeistern jedoch auch Nudeln und Reis die Feinschmecker, besonders, wenn es um die Begleitung von grünem Spargel geht. Alle drei kohlenhydratreichen Lebensmittel zeichnen sich durch ihre sättigende Wirkung aus, ohne den Eigengeschmack des edlen Spargels zu überdecken. Ihre Variationsmöglichkeiten sind so vielfältig, dass die nachfolgenden Rezepte lediglich eine Auswahl darstellen können.

Spargelnudeln mit Pilzen und Safran

Für dieses feine Gericht sind Eierteigwaren (am besten frisch zubereitet) einfach ein Muss.

Für 4 Portionen

500 g weißer Spargel
Salz
1 Prise Zucker
100 g Champignons
50 g Parmesan
4 Stängel glatte Petersilie
250 g dünne Eierbandnudeln
200 g Sahne
1 Messerspitze Safran
1 TL gekörnte Gemüsebrühe

🕐 40 Minuten

1 Den Spargel waschen, schälen und die harten Enden entfernen. Die Spargelköpfe abschneiden und beiseite legen. Die Hälfte der Stangen in 2 bis 3 Zentimeter lange Stücke schneiden. Die restlichen Stangen mit einem Sparschäler längs in dünne Streifen schneiden.

Safran wird sehr sparsam verwendet. Die aufwändige Handarbeit beim Einsammeln der Blütenstaubbeutel der kleinen Krokuspflanze bedingt seinen hohen Preis.

2 Etwa 2 Liter Wasser mit Salz und Zucker aufkochen. Die Spargel-

stücke darin in 10 bis 15 Minuten nicht ganz weich garen. Die Köpfe dazugeben und etwa 5 Minuten mitkochen. Alle Teile mit einem Schaumlöffel herausheben. Köpfe beiseite legen.

3 Die Champignons putzen, wenn nötig kurz abspülen und in Scheiben schneiden. Den Parmesan reiben. Die Petersilie waschen und trocknen. Die Blätter abzupfen und in feine Streifen schneiden.

4 Das Spargelwasser erneut zum Kochen bringen und die Nudeln und Spargelstreifen darin in 4 bis 6 Minuten nicht zu weich kochen. Die Spargelnudeln abgießen und abtropfen lassen.

5 Inzwischen die Sahne in einer großen Pfanne erhitzen. Den Safran einrühren. Die Pilze darin kurz kochen lassen, bis die Sauce cremig ist. Mit Salz und gekörnter Gemüsebrühe würzen.

6 Die Spargelnudeln in die Sauce einrühren. Die Spargelköpfe und den geriebenen Käse untermischen. Die Petersilie darüber streuen.

Tipp der Köchin

Das Kochwasser von Gemüse oder Nudeln können Sie auffangen und für Suppen oder Saucen verwenden.

Spargeltortilla

Für 4 Portionen

500 g Spargel

250 g Kartoffeln

40 g Butter

4 Stängel Petersilie

4 Eier

4 EL Sahne

50 g Parmesan oder Pecorino

Salz, gemahlener bunter Pfeffer

🕐 30 Minuten

1 Spargel waschen, schälen, harte Enden entfernen. Die Stangen schräg in 5 Millimeter feine Scheiben schneiden. Kartoffeln schälen und in dünne Streifen schneiden.

2 In einer beschichteten Pfanne die Butter schmelzen. Spargel und Kartoffeln darin zugedeckt 10 Minuten dünsten. Gelegentlich umrühren. Die Petersilie waschen, trocknen, die Blätter abzupfen und fein hacken.

3 Eier, Sahne, Käse und Petersilie verquirlen. Mit Salz und Pfeffer würzen. Die Eiermilch über das vorgegarte Gemüse gießen und bei schwacher Hitze zugedeckt in etwa 10 Minuten stocken lassen. Dabei die Pfanne ab und zu rütteln.

Servieren Sie zur Spargeltortilla einen frischen Salat mit einer leichten Joghurt-Kräuter-Sauce.

International

Risotto mit Spargel

Risotti gelingen am besten mit original italienischen Risotto-Reissorten wie Arborio, Vialone, Avorio oder Carnaroli. Sie werden sämig weich und behalten trotzdem ihren bissfesten Kern.

Für 4 Portionen

500 g grüner Spargel
500 g weißer Spargel
1 Schalotte oder 1 kleine Zwiebel
4 EL Olivenöl
400 g Risotto-Rundkornreis
600 ml warme Gemüse- oder Hühnerbrühe
1/4 l Weißwein
4 Stängel Petersilie oder
1 Kästchen Kresse
40 g frisch geriebener Parmesan
Salz, frisch gemahlener Pfeffer

🕐 40 Minuten

1 Spargel waschen. Die Stangen je nach Sorte schälen und die harten Enden abschneiden. Die Köpfe entfernen und beiseite legen. Die Stangen in 2 Zentimeter lange Stücke schneiden.

Aus dem größten europäischen Reisanbaugebiet – der Poebene – stammt dieser köstliche Risotto mit grünem Spargel.

2 Schalotte oder Zwiebel abziehen und fein zerkleinern. Das Öl in einem Topf erhitzen und die Schalotten-

oder Zwiebelwürfel darin goldgelb braten. Die Stangenstücke unter Rühren 3 bis 4 Minuten mitbraten.

3 Den Reis einrühren und 2 bis 3 Minuten bei starker Hitze unter Rühren glasig werden lassen. Mit der warmen Brühe und dem Weißwein ablöschen und den Reis zugedeckt etwa 15 Minuten bei mittlerer Hitze quellen lassen, dabei gelegentlich umrühren.

4 Die Spargelköpfe zugeben und den Risotto noch 5 bis 7 Minuten weitergaren lassen. Sollte die Flüssigkeit verdampft sein, noch etwas warme Brühe oder Wasser angießen. Der Risotto soll eine leicht cremige Konsistenz, die Körner jedoch noch Biss haben.

5 Inzwischen die Petersilie waschen, trocknen und die Blätter fein hacken bzw. die Kresse abspülen und schneiden.

6 Den Risotto von der Kochstelle nehmen. Käse und Kräuter einrühren, salzen und pfeffern.

Tipp der Köchin

Bereiten Sie einen Risotto immer kurz vor dem Servieren zu, da der Reis bei zu langem Stehen nachquillt und zu weich werden könnte.

Fein und bunt

Tagliolini mit Spargel und Hühnerbrust

Für 4 Portionen

400 g Hühnerbrust

4 EL Olivenöl

200 g Champignons

1 Schalotte

1 Knoblauchzehe

1 Möhre

4 Frühlingszwiebeln

250 g grüner Spargel

50 g Butter

50 g Erbsen (TK)

100 g Sahne

1 Prise Currypulver oder Safran

Salz

frisch gemahlener bunter Pfeffer

250 g Tagliolini (dünne Bandnudeln)

1 Bund Petersilie oder Schnittlauch

50 g Parmesan

🕐 40 Minuten

1 Das Fleisch unter fließendem kaltem Wasser abspülen und trockentupfen. Die Hälfte vom Öl in einer Pfanne erhitzen und das Fleisch darin von beiden Seiten in etwa 5 Minuten goldbraun braten. Auf einen Teller legen.

2 Die Champignons putzen, bei Bedarf kalt abspülen und in feine Scheiben schneiden. Das restliche Öl in der Pfanne erhitzen und die Pilze darin 2 bis 3 Minuten unter Wenden braten. Herausnehmen, auf einen Teller geben und zur Seite stellen.

3 Die Schalotte und den Knoblauch abziehen und sehr fein würfeln. Die Möhre schälen und in feine Streifen (Julienne) schneiden oder hobeln. Die Frühlingszwiebeln putzen, waschen und in feine Streifen schneiden.

4 Den Spargel waschen und die harten Enden abschneiden. Die Stangen nach Bedarf im unteren Bereich schälen und in 3 bis 4 Zentimeter große Stücke schneiden.

5 Die Butter in einer Pfanne zerlassen und Schalotte und Knoblauch darin anbraten. Möhren und Spargelstücke dazugeben, etwa 100 Milliliter Wasser angießen und das Gemüse 10 Minuten garen.

6 Erbsen und Frühlingszwiebeln unter die Gemüsemischung heben. Das Hühnerfleisch in Würfel schneiden, zufügen und kurz darin erwärmen. Die Sahne einrühren. Mit Currypulver oder Safran sowie mit Salz und Pfeffer würzen.

7 Die Nudeln in sprudelnd kochendem Salzwasser in 3 bis 5 Minuten nicht zu weich kochen. Abgießen und abtropfen lassen.

8 In der Zwischenzeit die Kräuter waschen, trocknen und fein hacken. Den Parmesan reiben.

9 Die heißen Nudeln unter die Gemüsemischung heben. Mit den Kräutern und dem Käse anrichten. Sofort servieren.

Tipp der Köchin

Italienische Hartkäse wie Parmesan, Grana Padano und Pecorino verfeinern nicht nur italienische Gerichte. Sie sollten immer frisch gerieben werden, nur dann entfaltet sich ihr volles Aroma.

Gemüsereis mit Spargel

Für 4 Portionen

250 g Basmatireis

500 g grüner Spargel

200 g Austernpilze

2 Frühlingszwiebeln

2 Knoblauchzehen

2 EL Öl

150 g Erbsen (TK)

Salz, frisch gemahlener Pfeffer

🕐 30 Minuten

1 Reis waschen. In einem Topf mit Wasser bedecken, so dass das Wasser etwa 1 Zentimeter darüber steht. Aufkochen und ausquellen lassen.

2 Spargel waschen, schälen und schräg in kleine Stücke schneiden. Pilze putzen und in Streifen schneiden. Frühlingszwiebeln putzen und in Ringe schneiden. Knoblauch abziehen und fein zerkleinern.

3 Das Öl erhitzen und den Knoblauch darin kurz anbraten. Die Pilze mitbraten. Die Hitze reduzieren und den Spargel 5 Minuten mitgaren. Frühlingszwiebeln und Erbsen einrühren und weitere 5 Minuten ziehen lassen. Salzen und pfeffern. Mit dem Reis vermischen und servieren.

Zu Spargel und Hühnerbrust passen ganz dünne Eiernudeln am besten. Sie sind in wenigen Minuten gekocht.

53

Für Gäste

Tortellini mit Spargel und Garnelen

Wenn Sie keine rohen, ungeschälten Garnelen bekommen, können Sie auf tiefgefrorene zurückgreifen. Die gibt es auch schon geschält.

Für 4 Portionen

500 g grüner Spargel

Salz

1 Prise Zucker

250 g frische Tortellini

200 g Garnelenschwänze (roh, mit Schale)

2 Frühlingszwiebeln

1 Knoblauchzehe

40 g Butter

frisch gemahlener bunter Pfeffer

4 Stängel glatte Petersilie

40 g Parmesan oder Pecorino

🕐 40 Minuten

Wie in Italien: Nudeln, Spargel, Garnelen und ein Hauch Knoblauch.

1 Spargel waschen, harte Enden entfernen. Die Köpfe abschneiden und bis zur weiteren Verwendung beiseite legen. Die Stangen bei Bedarf im unteren Drittel schälen und in 2 Zentimeter lange Stücke schneiden.

2 In einem großen Topf 2 bis 3 Liter Wasser mit Salz und Zucker zum Kochen bringen. Den Spargel darin etwa 10 Minuten kochen. Mit einem Schaumlöffel oder Sieb herausnehmen und abtropfen lassen.

3 Den Sud wieder zum Kochen bringen und die Tortellini darin al dente, d. h. bissfest, garen. Die Tortellini abgießen und in einem Sieb abtropfen lassen.

4 Die Garnelen aus der Schale brechen, an der Rückenlinie einschneiden und den dunklen Darm entfernen. Die Garnelen kurz unter fließendem kaltem Wasser abspülen.

5 Die Frühlingszwiebeln waschen, putzen und in feine Ringe schneiden. Die Knoblauchzehe abziehen und fein zerkleinern.

6 Die Butter in einer Pfanne erhitzen, Zwiebel- und Knoblauchwürfel darin 2 bis 3 Minuten anbraten. Garnelen und Spargelköpfe 3 bis 4 Minuten mitbraten. Pfeffern. Spargel und Tortellini mit in die Pfanne geben.

7 Petersilie waschen, trocknen, die Blättchen fein hacken und unter die Pfannenmischung heben. Das Gericht auf Tellern anrichten. Vom Käse mit einem Sparschäler feine Späne abhobeln und alles damit garnieren.

Tipp der Köchin

Kaufen Sie die frischen Tortellini an den Frischtheken gut sortierter Lebensmittelmärkte oder auf Wochenmärkten. Achten Sie dabei auf gute Qualität, d. h. auf dünnen Teig und aromatische Füllung. Für dieses Rezept können Sie Tortellini mit einer Spinat-, Käse- oder Lachsfüllung, oder aber auch Ravioli verwenden.

International

Spargelcurry mit Ingwerreis

Nur Basmatireis hat diese leicht klebrige Konsistenz, die für diesen Ingwerreis benötigt wird. Thai- oder Duftreis sind vergleichbar.

Für 4 Portionen

250 g Basmatireis
20 g Rosinen
500 g weißer Spargel
250 g Möhren oder Radieschen
1 Zwiebel
1 Knoblauchzehe
1 Stück frische Ingwerwurzel (etwa 2 cm)
40 g Butterschmalz
Salz
1–2 TL Zucker
2 gestrichene EL Currypulver
4 Stängel Koriander, Dill oder Zitronenmelisse

🕐 **30 Minuten**

1 Den Reis in einem Sieb unter fließendem kaltem Wasser waschen. In einem Topf mit so viel frischem Wasser bedecken, dass dieses etwa 1 Zentimeter über dem Reis steht. Aufkochen, Kochstelle abschalten und den Reis im zugedeckten Topf 20 Minuten ausquellen lassen.

2 Die Rosinen in einer Schüssel mit 1/4 Liter kochendem Wasser übergießen und quellen lassen.

3 Spargel waschen, schälen, harte Enden abschneiden. Die Stangen längs halbieren und in 3 Zentimeter lange Stücke schneiden. Möhren ebenso vorbereiten oder Radieschen waschen und in Scheiben schneiden.

4 Zwiebel und Knoblauch abziehen, den Ingwer schälen, alles sehr fein zerkleinern. Die Hälfte vom Butterschmalz erhitzen und Zwiebel, Knoblauch und die Hälfte des Ingwers darin anbraten. Das Gemüse (ohne Radieschen) dazugeben und 1/4 Liter Wasser aufgießen. Mit Salz, Zucker und Currypulver würzen. Rosinen zufügen. Curry 10 bis 15 Minuten kochen lassen.

5 Das übrige Schmalz mit 1 Prise Salz und dem restlichen Ingwer in den Reis einrühren. Die Kräuter waschen, trocknen und fein hacken. Das Curry (und die Radieschenscheiben) auf dem Reis anrichten, mit Kräutern bestreuen und servieren.

Frischer Ingwer zeichnet sich durch ein ungleich besseres Aroma als Ingwerpulver aus.

Tipp der Köchin

Dieses Currygemüse können Sie auch sehr gut mit frischen Zuckerschoten oder Erbsen anreichern.

Klassiker veredelt

Kartoffelcreme mit Spargelköpfen

Für 4 Portionen

1 kg mehlig kochende Kartoffeln
500 g grüner oder weißer Spargel
1 EL Butter
300 ml heiße Milch
Salz
1 Prise frisch geriebene Muskatnuss

🕐 **40 Minuten**

1 Die Kartoffeln schälen, klein schneiden und in wenig Wasser garen. Die Kartoffeln aus dem Wasser heben (dieses aufbewahren) und durch eine Kartoffelpresse drücken.

2 Spargel waschen, schälen und die harten Enden entfernen. Die Köpfe abschneiden, die Stangen in 5 Millimeter feine Scheiben schneiden. Das Kartoffelwasser wieder aufkochen und alle Spargelteile darin zugedeckt bei mittlerer Hitze in knapp 10 Minuten weich kochen. Die Flüssigkeit dabei einkochen lassen.

3 Die Butter und so viel Milch in die Kartoffelmasse einrühren, bis ein cremiges Püree entsteht. Mit Salz und Muskatnuss würzen. Den Spargel unter die Kartoffelcreme heben.

Die besondere, asiatische Note erhält das Spargelcurry durch frischen Ingwer und Korianderblätter.

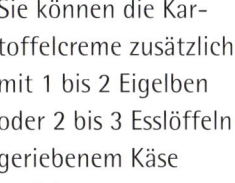

Tipp der Köchin

Sie können die Kartoffelcreme zusätzlich mit 1 bis 2 Eigelben oder 2 bis 3 Esslöffeln geriebenem Käse verfeinern.

Fein verpackt

Blätterteigtaschen mit Spargel

Die saftigen Teigtaschen können als Vorspeise oder mit einem dekorativen kleinen Salat oder einer sahnigen Kräutersauce als Hauptgericht serviert werden.

Für 4 Portionen

4 Platten Blätterteig (TK; etwa 250 g)
500 g Spargelköpfe
Salz
1 Prise Zucker
1 Bund Petersilie
50 g Parmesan oder Pecorino und/oder 50 g roher Schinken
frisch gemahlener bunter Pfeffer
1 Ei

🕐 **40 Minuten**

Das Beste vom weißen oder grünen Spargel, nämlich die Köpfe, schmecken mit Schinken und Käse in einer Blätterteighülle einfach phantastisch.

1 Die Blätterteigplatten zum Auftauen einzeln auf eine entsprechend große Arbeitsfläche legen.

2 Die Spargelköpfe waschen und die Bruchstellen nach Bedarf abschneiden. 1/4 Liter Wasser zum Kochen bringen, mit Salz und Zucker würzen. Die Spargelstücke darin etwa 5 Minuten kochen, abgießen und abtropfen lassen.

3 Die Petersilie waschen, trocknen, die Blätter von den groben Stielen zupfen und fein hacken.

Den Käse fein reiben. Den Schinken in sehr kleine Würfel schneiden. Alle drei Zutaten miteinander vermischen, mit Salz und Pfeffer würzen.

4 Die Blätterteigplatten einzeln zu etwa 3 Millimeter dicken Rechtecken ausrollen. Jedes Rechteck in 2 Quadrate schneiden. Je etwas Spargel auf eine Seite der Teigstücke geben und mit etwas Käse-Schinken-Mischung belegen.

5 Das Ei trennen. Die Teigränder mit Eiweiß bestreichen, die Teighälften über die Füllung klappen. Die Ränder gut zusammendrücken und mit einem Messerrücken in regelmäßigen, kleinen Abständen eindrücken. Die Teigtaschen auf ein bemehltes Brett setzen und mit dem Eigelb bestreichen. Für 10 Minuten in den Kühlschrank stellen.

6 Inzwischen den Backofen auf 220 °C (Umluft 200 °C, Gas Stufe 4–5) vorheizen. Ein Backblech kalt abspülen, die Teigtaschen darauf setzen und auf der mittleren Schiene in 15 bis 20 Minuten goldbraun backen. Noch warm servieren.

Tipp der Köchin

Spargelköpfe gibt es auf den Märkten separat zu kaufen. In der Regel muss man sie nicht mehr schälen. Wenn Sie keine bekommen, können Sie auch ganze Spargelstangen nehmen und diese einmal quer durchschneiden.

Wenn Gäste kommen

Tagliatelle mit grünem Spargel und Steinpilzsauce

Steinpilze zählen zu den begehrtesten Speisepilzen. Das Pilzfleisch schmeckt angenehm nussig. Dieses Aroma kommt bei den getrockneten Steinpilzen ganz besonders gut zum Ausdruck.

Für 4 Portionen

20 g getrocknete Steinpilze
500 g grüner Spargel
1 Zwiebel
1 Bund glatte Petersilie
250 g Tagliatelle
2 Tomaten
20 g Butter
200 g Sahne
Salz
frisch gemahlener bunter Pfeffer

🕐 60 Minuten

1 Pilze in einer kleinen Schüssel mit 1/4 Liter kochendem Wasser bedecken und mindestens 30 Minuten quellen lassen. Das Einweichwasser durch einen Papierfilter gießen, auffangen und zur Seite stellen. Die Pilze wenn nötig verlesen und klein schneiden.

2 Inzwischen den Spargel waschen, harte Enden abschneiden. Stangen im unteren Teil schälen und in Stücke schneiden. Zwiebel abziehen und fein zerkleinern. Petersilie waschen, trocknen und fein hacken.

3 Etwa 2 Liter Wasser aufkochen und die Nudeln darin bissfest garen. In ein Sieb abgießen, dabei das Kochwasser

auffangen. Nudeln im Backofen bei etwa 50 °C zugedeckt warm halten.

4 Das Nudelwasser aufkochen und den Spargel darin 10 bis 15 Minuten garen. Den Spargel abgießen und unter die Nudeln mischen.

5 Die Tomaten waschen und kreuzweise einritzen. Mit kochendem Wasser – wer mag, verwendet dafür das Spargelwasser – überbrühen und 5 Minuten ziehen lassen. Von den Tomaten die Haut abziehen und den Strunk entfernen. Das Fruchtfleisch würfeln und unter die Nudel-Spargel-Mischung heben.

6 Die Butter erhitzen und die Zwiebel darin goldbraun braten. Die Pilze untermischen. Die Sahne und das gefilterte Pilzeinweichwasser angießen und die Sauce einkochen lassen, bis sie cremig wird. Salzen und pfeffern. Die Petersilie einstreuen. Die Nudelmischung auf Tellern anrichten und die Steinpilzsauce darüber geben.

Raffiniert

Spargel mit Zitronenbutter und Kartoffeln

Für 4 Portionen
600 g kleine Kartoffeln
1 kg weißer oder grüner Spargel
Salz
1 unbehandelte Zitrone
100 g Butter
grob gemahlener bunter Pfeffer
1 Bund Schnittlauch

🕐 **40 Minuten**

1 Die Kartoffeln waschen und mit der Schale in wenig Wasser weich kochen. Leicht abkühlen lassen und pellen. Inzwischen den Spargel waschen, je nach Sorte schälen, putzen. Die Stangen in Stücke schneiden. In kochendem Salzwasser garen. Herausnehmen, abtropfen lassen.

2 Die Zitrone heiß abwaschen, etwa die Hälfte der Schale dünn abschälen und fein schneiden. Die Butter schmelzen, 2 bis 3 Teelöffel Pfeffer und die Zitronenschale darin wenden. Kartoffeln zufügen, salzen und unter Schwenken goldbraun braten.

3 Den Spargel darauf geben. Den Schnittlauch waschen, in Röllchen schneiden und darüber streuen.

Ein Nudelgericht für besondere Anlässe, aus Bandnudeln, Steinpilzen und grünem Spargel.

Mit Fleisch, Fisch und Ei

Spargel und Schinken sind die klassische Kombination, wenn es darum geht, den ballaststoffreichen Spargel mit einem eiweißreichen Lebensmittel zu ergänzen. Doch auch Fleisch, Fisch und Meeresfrüchte lassen sich auf ideale Weise als »kleine Extras« zum Spargel zubereiten, um die Balance einer ausgewogenen Ernährung zu schaffen. Für Vegetarier bieten Eier und Käse zahlreiche Möglichkeiten, sich mit Spargel gesund und abwechslungsreich zu ernähren.

Spargel mit Sahnegeschnetzeltem

Tipp der Köchin

Geschnetzeltes aus weißem Geflügelfleisch gelingt einfach immer. Das Fleisch ist nie zäh und bleibt saftig – außer man hält es zu lange warm.

Für 4 Portionen

400 g Putenfleisch oder Hühnerbrustfilet
2 TL Speisestärke
Salz
frisch gemahlener Pfeffer
1/8 l Weißwein
500 g grüner oder weißer Spargel
200 g Sahne
1 Prise Zucker
1 Zwiebel
1 Stück frische Ingwerwurzel (1 cm)
2 EL Butterschmalz
200 g Erbsen (TK)
1 Messerspitze Currypulver
4 Stängel Petersilie

🕐 30 Minuten

1 Das Fleisch unter fließend kaltem Wasser abspülen, trockentupfen und in feine Streifen schneiden. Speisestärke, etwas Salz und Pfeffer in 2 Esslöffeln Weißwein glatt rühren. Die Fleischstreifen darin wenden.

2 Den Spargel waschen und je nach Sorte schälen. Die harten Enden entfernen. Die Stangen in 3 bis 4 Zentimeter lange Stücke schneiden. Die Köpfe beiseite legen.

3 Die Sahne mit 1/8 Liter Wasser aufkochen und mit Salz und Zucker würzen. Den Spargel je nach Sorte 10 bis 15 Minuten darin garen. Köpfe 5 Minuten vor Ende der Kochzeit zugeben. Die Flüssigkeit reduzieren.

4 Die Zwiebel abziehen, den Ingwer schälen und beides fein würfeln.

5 Das Butterschmalz in einer Pfanne erhitzen, die Zwiebel- und Ingwerwürfel darin goldgelb braten. Das Fleisch darin 2 bis 3 Minuten unter Wenden anbraten. Mit dem restlichen Wein ablöschen. Die Erbsen dazugeben und alles noch einige Minuten bei mittlerer Hitze leicht kochen lassen, bis die Sauce cremig eingedickt ist.

6 Den Spargel mit der restlichen Flüssigkeit in die Pfanne geben. Mit Curry, Salz und Pfeffer würzen.

7 Die Petersilie waschen, trocknen, die Blätter fein hacken und unterrühren.

Spargel mit Kratzete

Für 4 Portionen

50 g Mehl
1/8 l Milch
Salz
2 Eier
2 kg weißer Spargel
1 Prise Zucker
100 g Butter

🕐 **40 Minuten**

1 Mehl sieben. Mit Milch, Salz und Eiern zu einem Teig verrühren. Mindestens 15 Minuten quellen lassen.

2 Den Spargel waschen, schälen und die harten Enden abschneiden. Etwa 2 Liter Wasser mit Salz und Zucker aufkochen und den Spargel darin 15 bis 20 Minuten garen.

3 In der Zwischenzeit in einer großen, flachen Pfanne etwas Butter erhitzen und nacheinander aus dem Teig 2 Pfannkuchen ausbacken. Noch in der Pfanne mit zwei Gabeln in Stücke reißen. Auf Teller legen.

4 Den Spargel aus dem Wasser heben und auf die Pfannkuchenstücke anrichten. Die restliche Butter bräunen und über die Pfannkuchen-Spargel-Mischung gießen.

Spargel mit Kratzete – das sind Pfannkuchenstücke – ist ein Klassiker aus der badischen Küche.

65

das Fruchtfleisch sehr fein würfeln. Die Kräuter waschen, trocknen, die Blätter abzupfen und fein hacken. Die Paprikawürfel und die Kräuter in den Frischkäse einrühren. Mit Salz und Pfeffer würzen.

3 Den Spargel waschen, die Stangen im unteren Drittel schälen und die harten Enden abschneiden. In einem flachen Topf 1/4 Liter Wasser mit Salz und 1 Prise Zucker zum Kochen bringen. Den Spargel darin 10 Minuten garen. Aus dem Wasser heben und im Backofen bei 50 °C warm halten.

4 In der Zwischenzeit in einer Pfanne etwa 1 Teelöffel Fett erhitzen. Mit einer Schöpfkelle etwa ein Achtel vom Pfannkuchenteig in die schräg gehaltene Pfanne füllen und durch Schwenken darin verteilen. Nacheinander 8 dünne Pfannkuchen ausbacken. Jeweils herausnehmen, auf einen Teller legen und im Backofen warm halten.

5 Zum Servieren auf jeden Pfannkuchen 1 Klecks Kräutercreme setzen, 2 bis 3 Spargelstangen darauf geben und einrollen. Je 2 Pfannkuchenröllchen auf einem Teller anrichten.

Tipp der Köchin

Wärmen Sie die Teller etwas vor, denn die Pfannkuchenröllchen kühlen sehr schnell aus.

Für Gäste

Pfannkuchenröllchen mit Spargel und Käsecreme

Zum Warmhalten empfiehlt es sich, den gekochten Spargel zugedeckt im Backofen bei etwa 50 °C aufzubewahren.

Für 4 Portionen
1 kg grüner Spargel
1 Prise Zucker
Pfannkuchen:
4 Eier
100 g Mehl
1/8 l Milch oder 125 g Sahne
Salz
Öl oder Butterschmalz zum Braten
Käsecreme:
100 g rote Paprikaschote
4 Stängel Petersilie oder Basilikum
200 g Frischkäse
frisch gemahlener bunter Pfeffer

Mit Spargel und Paprika-Käse-Creme gefüllte Pfannkuchenröllchen sind eine delikate Vorspeise oder mit einem gemischten Salat ein kleines Hauptgericht.

🕐 **40 Minuten**

1 Für den Pfannkuchenteig die Eier aufschlagen und in eine Schüssel geben. Das Mehl darüber sieben. Milch oder Sahne sowie 1 Prise Salz zufügen und alles zu einem glatten Teig verrühren. Den Teig mindestens 15 Minuten quellen lassen.

2 Für die Käsecreme die Paprikaschote waschen, Stielansatz, Samen und weiße Trennwände entfernen und

Hühnerbrust mit Spargelköpfen und Morchelsauce

Für 4 Portionen

20 g getrocknete Morcheln
1 kg Spargelköpfe
Salz
1 Prise Zucker
1 Zwiebel
40 g Butterschmalz
200 g Sahne
frisch gemahlener bunter Pfeffer
500 g Hühnerbrustfilet
6 Stängel Petersilie oder Kerbel

🕐 **90 Minuten**

1 Die Morcheln mit 1/4 Liter kochendem Wasser übergießen und mindestens 1 Stunde quellen lassen.

2 Die Morcheln durch einen Papierfilter abgießen und das Einweichwasser auffangen. Die Morcheln nochmals abspülen, um eventuelle Sandreste zu entfernen. Große Morcheln der Länge nach halbieren.

3 Die Spargelköpfe waschen und an den Bruchstellen glatt schneiden. In einem Topf 1/4 Liter Wasser mit Salz und Zucker aufkochen. Den Spargel darin etwa 15 Minuten garen.

4 Inzwischen die Zwiebel abziehen und fein zerkleinern. Die Hälfte vom Butterschmalz erhitzen und die Zwiebelwürfel darin glasig braten. Die Morcheln kurz mitschwitzen. Das gefilterte Pilzeinweichwasser und die Sahne angießen. Die Sauce unter gelegentlichem Rühren auf etwa die Hälfte einkochen lassen. Mit Salz und Pfeffer würzen.

5 Hühnerbrustfilet unter fließendem kaltem Wasser abspülen und trockentupfen. In 4 Portionen zerteilen oder in mundgerechte Stücke schneiden. Das restliche Schmalz erhitzen und die Hühnerbrustfilets darin von beiden Seiten etwa 5 Minuten zugedeckt anbraten.

6 Petersilie oder Kerbel waschen, trocknen, die Blättchen abzupfen und grob hacken. Die Fleischstücke und die Spargelköpfe nebeneinander auf Tellern anrichten. Die Morchelsauce angießen und die Kräuter darüber streuen.

Tipp der Köchin

Servieren Sie hierzu am besten kleine Butterkartoffeln. Dazu kleine Kartoffeln schälen und wie Salzkartoffeln zubereiten. Abgießen und kurz in einer Pfanne mit zerlassener Butter schwenken.

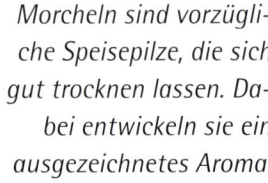

Morcheln sind vorzügliche Speisepilze, die sich gut trocknen lassen. Dabei entwickeln sie ein ausgezeichnetes Aroma.

Seezungenfilets mit Spargel

Für 4 Portionen

500 g Spargel
Salz
1 Prise Zucker
1 Kästchen Kresse
4 Seezungenfilets
2 EL Zitronensaft
40 g Butter
1/8 l trockener Weißwein
200 g Crème fraîche
2 TL Dijonsenf
1 TL rote getrocknete Pfefferbeeren

🕐 30 Minuten

1 Spargel waschen, schälen, putzen. 1/4 Liter Wasser mit Salz und Zucker aufkochen und den Spargel darin bissfest garen. Die Kresse abspülen.

2 Fisch kalt abspülen, trockentupfen. Mit Zitronensaft beträufeln und salzen. Die Butter zerlassen und die Filets darin auf jeder Seite 1 bis 2 Minuten braten. Herausnehmen und zugedeckt warm halten. Mit Wein ablöschen, Crème fraîche, Senf und Pfeffer einrühren. 5 Minuten kochen lassen.

3 Spargel auf Tellern anrichten. Die Fischfilets darauf setzen, die Sauce angießen. Mit Kresse bestreuen.

Hühnerbrust, Spargel und Morcheln sind eine beliebte Kombination in der feinen Küche.

Schneller geht es, wenn Sie statt Chilischoten Sambal oelek – eine Chilipaste aus dem Glas – verwenden. Sie müssen dabei nur beachten, dass diese scharfe Paste ziemlich salzig ist.

Die Schärfe der Chili-schoten sitzt in den Samen und in den weißen Trennwänden. Für das Lammfilet mit grünem Spargel genügt eine kleine Schote.

Mit feiner Schärfe

Lammfilets mit grünem Spargel und Tomaten

Für 4 Portionen

1 kg grüner Spargel
2 Fleischtomaten
4 kleine Lammfilets
1 Frühlingszwiebel
1 Stück frische Ingwerwurzel (1 cm)
1 Schalotte
1 kleine scharfe Chilischote
2 EL Butterschmalz
2 EL Öl
1/8 l Weißwein oder Sekt
Salz
frisch gemahlener bunter Pfeffer

🕐 **40 Minuten**

1 Den Spargel waschen, schälen und die harten Enden entfernen. Die Stangen in 5 Zentimeter große Stücke schneiden.

2 Tomaten mit heißem Wasser überbrühen. Die Haut abziehen und jeweils den Stielansatz entfernen. Das Fruchtfleisch würfeln.

3 Die Lammfilets kalt abspülen, trockentupfen und in nussgroße Stücke schneiden. Die Frühlingszwiebel putzen, waschen und quer in Ringe schneiden. Den Ingwer schälen, die Schalotte abziehen und beides fein zerkleinern.

4 Die Chilischote waschen, der Länge nach aufschneiden, Stielansatz, Samen und Trennwände entfernen und das Fruchtfleisch fein würfeln. (Achtung: Gummihandschuhe verwenden oder sofort danach die Hände waschen!)

5 Das Butterschmalz in einem Topf erhitzen und den Spargel darin 2 bis 3 Minuten anbraten. 1/8 Liter Wasser aufgießen und den Spargel etwa 10 Minuten zugedeckt garen.

6 Die Hitze abschalten, Chili- und Tomatenstücke unterrühren und alles auf der ausgeschalteten Kochstelle einige Minuten ziehen lassen.

7 Das Öl in einer Pfanne erhitzen und die Lammfilets darin 5 Minuten auf jeder Seite anbraten. Ingwer und Zwiebel kurz mitbraten. Den Bratsatz mit Wein oder Sekt ablöschen und unter Rühren vom Pfannenboden lösen.

8 Das Spargelgemüse unter das Fleisch mischen. Salzen, pfeffern und die Sauce leicht einkochen lassen.

9 Das Lammfleisch mit Reis oder Bandnudeln servieren.

Raffiniert

Kleine Rouladen mit Spargel

Das Flachklopfen von Schnitzeln kann man sich sparen, wenn man sich das Fleisch bereits beim Metzger auf der Spezialmaschine dünn aufschneiden lässt.

Für 4 Portionen

4 dicke oder 8 dünne Spargelstangen (etwa 250 g)

Salz

1 Prise Zucker

4 dünne Puten-, Hühnerbrust- oder
Kalbfleischscheiben (à 100 g)

1 Bund Schnittlauch

100 g Ziegenfrischkäse oder
4 Scheiben Scheiblettenkäse

frisch gemahlener Pfeffer

1 EL Mehl

1 EL Butterschmalz oder Öl

1/8 l Weißwein

🕐 40 Minuten

1 Den Spargel waschen, je nach Sorte schälen und die harten Enden entfernen. Die Stangen quer halbieren. 1/4 Liter Wasser mit Salz und Zucker aufkochen und den Spargel darin je nach Sorte 5 bis 10 Minuten kochen. Herausnehmen, abtropfen lassen.

2 Die Fleischscheiben kalt abspülen, trockentupfen. Auf ein Arbeitsbrett legen und mit einem Fleischklopfer flach klopfen. Den Schnittlauch waschen, trocknen und fein schneiden.

3 Den Frischkäse mit einer Gabel zerdrücken. Die Fleischscheiben damit bestreichen bzw. mit den Scheiblettten belegen. Jeweils ein paar Schnittlauchröllchen darauf streuen, salzen und pfeffern. Je 2 dicke oder 4 dünne Spargelhälften quer auf die Fleischscheiben legen. Die Fleischscheiben aufrollen und mit Rouladennadeln oder Zahnstochern an den Längsseiten verschließen.

4 Die Rouladen im Mehl wenden. Das Fett in einem weiten Topf erhitzen und die Rouladen darin rundum leicht anbraten. Mit etwas Spargelkochwasser und dem Wein ablöschen. Den Deckel auflegen und die Fleischröllchen bei kleiner Hitze etwa 20 Minuten garen lassen. Den Deckel abnehmen, die Sauce wenn nötig etwas einkochen lassen und abschmecken.

Frisch gepresster Zitronensaft oder Weißwein gibt Geflügel- und Fischgerichten eine besonders frische Note.

Braucht etwas Zeit

Lachsterrine mit grünem Spargel

Für 4 Portionen
400 g Lachsfilet
2 EL Zitronensaft
1 Bund Schnittlauch
2 Eier
200 g kalte Sahne
Salz
frisch gemahlener bunter Pfeffer
250 g grüner Spargel
Butter für die Form

🕐 **60 Minuten**

1 Den Backofen auf 180 °C (Umluft 160 °C, Gas Stufe 2–3) vorheizen, die Fettpfanne in die Mitte einschieben und mit heißem Wasser füllen.

2 Das Lachsfilet abspülen und trockentupfen. Eventuelle Gräten mit einer Pinzette entfernen. Den Lachs in Würfel schneiden und mit Zitronensaft marinieren. Den Schnittlauch waschen, trocknen und in feine Röllchen schneiden.

3 Lachs, Eier und Sahne mit einem Blitzhacker oder einem Mixstab fein pürieren. Schnittlauch unterrühren. Die Farce salzen und pfeffern.

4 Den Spargel waschen, die Stangen im unteren Drittel schälen und die harten Enden abschneiden.

5 Eine Terrinenform ausbuttern. Mit einer Schicht Farce beginnen. Abwechselnd Spargel und Farce einschichten, dabei darauf achten, dass die Stangen nicht zu dicht aneinander liegen. Mit Farce abschließen.

6 Die Form in das Wasserbad stellen, das Wasser soll dabei knapp unter den Rand der Form reichen. Die Temperatur soll 80 °C betragen. Die Terrine 30 bis 40 Minuten garen, herausnehmen, auskühlen lassen. Mit einem scharfen Messer vom Formrand lösen, auf ein Brett stürzen und in Scheiben schneiden.

Tipp der Köchin

Dieses raffinierte Gericht lässt sich gut vorbereiten – ideal für ein kaltes Büfett oder ein mehrgängiges Menü. Dazu können Sie eine Salatgarnitur und eine cremige Kräutersauce servieren.

Lachsterrine zubereiten

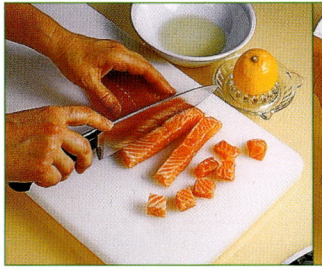

1 Den Lachs kalt abspülen und trockentupfen. In Würfel schneiden und mit Zitronensaft marinieren.

2 Die Farce und die Spargelstangen abwechselnd in die Terrinenform einfüllen.

3 Die ausgekühlte Terrine auf ein Brett stürzen und mit einem scharfen Messer aufschneiden.

Wenn Gäste kommen

Zanderfilet mit Spargel und Champagnersauce

Für 4 Portionen

500 g grüner Spargel
Salz
4 Zanderfilets (à 150 g)
frisch gemahlener bunter Pfeffer
20 g Butterschmalz

Champagnersauce:

100 g Schalotten
40 g Butter
1/4 l Champagner, ersatzweise Sekt
2–3 Zweige frischer Estragon, ersatzweise 1 TL getrocknete Blätter
200 g Crème fraîche
Salz
1–2 TL Zucker
1 Messerspitze Cayennepfeffer

🕐 **40 Minuten**

1 Für die Sauce die Schalotten abziehen und sehr fein zerkleinern. Die Hälfte der Butter bei mittlerer Hitze zerlassen und die Schalotten darin goldgelb braten. Den Champagner bis auf einen kleinen Rest angießen und die Sauce bei starker Hitze unter gelegentlichem Rühren auf etwa die Hälfte reduzieren. Frischen Estragon waschen, die Blätter abzupfen und fein hacken.

2 In der Zwischenzeit den Spargel waschen, die Stangen im unteren Drittel schälen und die harten Enden abschneiden. In einem Topf 1/8 Liter Wasser mit Salz aufkochen und die Spargelstangen darin etwa 10 Minuten garen. Herausheben und zugedeckt im Backofen bei 50 °C warm halten.

3 Die Zanderfilets unter fließendem kaltem Wasser abspülen und mit Küchenpapier trockentupfen. Eventuelle Gräten mit einer Pinzette entfernen. Die Fischfilets salzen und pfeffern. Das Butterschmalz in einer Pfanne heiß werden lassen und die Filets auf jeder Seite 2 bis 3 Minuten braten. Die Fischfilets aus der Pfanne nehmen und auf vorgewärmte Teller legen.

4 Die gehackten Estragonblättchen und die Crème fraîche in die Sauce einrühren. Mit Salz, Zucker und Cayennepfeffer würzen. Die Sauce durch ein feines Haarsieb passieren oder mit dem Mixstab pürieren.

5 Den Spargel neben den Fischfilets auf den Tellern anrichten. Den restlichen Champagner in die Sauce einrühren und diese über Fisch und Spargel gießen.

Tipp der Köchin

Bei diesem Gericht ist das richtige Timing gefragt, um alles möglichst zeitgleich fertig zu stellen. Wenn Sie etwas unsicher sind, halten Sie den Spargel und die Zanderfilets einfach zugedeckt bei 80 °C im Backofen warm, bis die Sauce fertig ist.

Für Ihre Gäste nur das Beste: edles Zanderfilet in feiner Champagnersauce.

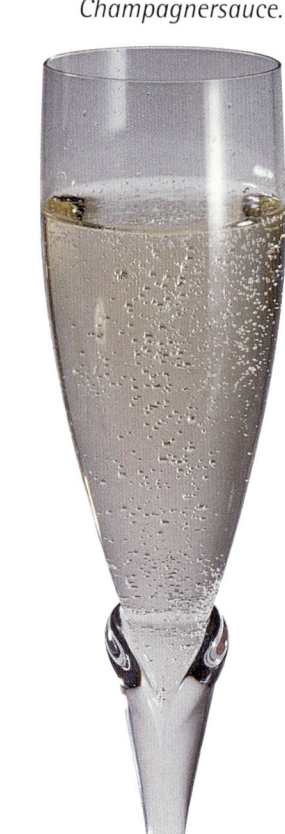

Tipp der Köchin

Wenn Sie keinen See-teufel bekommen oder das Gericht etwas preiswerter zubereiten wollen, können Sie dazu auch Kabeljau- oder Seelachsfilet ver-wenden.

Gelingt leicht

Seeteufelscheiben auf Safranspargel

Für 4 Portionen

300 g grüner Spargel
300 g weißer Spargel
Salz
1 Prise Zucker
600 g Seeteufelfilet
2 EL Zitronensaft
2 EL Mehl
40 g Butter
200 g Sahne
1 Messerspitze Safran
100 g Erbsen (TK)
1 TL Gemüsebrühe (Instant)
1 Bund Schnittlauch

🕐 **30 Minuten**

1 Den Spargel waschen, je nach Sorte schälen, harte Enden ab-schneiden. Die Spargelstangen quer halbieren. 1/2 Liter Wasser in einem flachen Topf mit Salz und Zucker zum Kochen bringen. Den weißen Spargel darin 10 Minuten garen. Den grünen Spargel dazugeben und noch etwa 10 Minuten

mitgaren. Aus dem Wasser heben und im Backofen bei 50 °C warm halten.

2 Inzwischen die Fischfilets unter fließendem kaltem Wasser abspülen und trockentupfen. In 2 Zentimeter dicke Scheiben schneiden. Die Fisch-scheiben mit dem Zitronensaft be-träufeln, salzen und in dem Mehl wenden. Die Butter in einer Pfanne zerlassen und die Fischscheiben dar-in von jeder Seite 2 bis 3 Minuten braten. Herausnehmen, auf eine vorgewärmte Platte legen und im Backofen warm halten.

3 Den Bratsatz mit der Sahne ablö-schen und unter Rühren vom Pfan-nenboden lösen. 1 Tasse Spargel-kochwasser angießen. Safran und Erbsen dazugeben. Die Flüssigkeit etwas einkochen lassen. Salzen und die Gemüsebrühe darin auflösen. Den Schnittlauch waschen, trock-nen, fein schneiden und in die Sauce rühren.

4 Den Spargel unter die Sauce mischen und auf Teller geben. Die Fischscheiben daneben anrichten und sofort servieren.

Frische Erbsen müssen vor der Verarbeitung aus der Schote genommen werden. Fachleute nennen diesen Vorgang Erbsen auspalen.

Gelingt leicht

Garnelen
mit Thaispargel

Für 4 Portionen

2 EL Fischsauce (Asienladen)

frisch gemahlener bunter Pfeffer

400 g Garnelen (roh, ausgelöst)

500 g Thaispargel

4 Knoblauchzehen

4 EL Öl

2 EL Austernsauce (Asienladen)

2 TL Zucker

2 EL Reiswein

Salz

🕐 **30 Minuten**

1 Garnelen mit 1 Esslöffel Fischsauce und Pfeffer marinieren.

2 Spargel waschen, nach Bedarf schälen und klein schneiden. 1/8 Liter Wasser aufkochen, den Spargel darin zugedeckt 10 Minuten garen.

3 Knoblauch abziehen, zerkleinern. Das Öl erhitzen und den Knoblauch darin anschwitzen. Garnelen 2 bis 3 Minuten unter Rühren mitbraten.

4 Spargel mit Kochwasser zugeben. Mit Austernsauce, Zucker, Reiswein und restlicher Fischsauce würzen. Sauce leicht einkochen lassen und mit Salz abschmecken.

Wenn schon asiatisch, dann richtig: mit Thaispargel, Garnelen und einer exotischen Sauce.

Aus dem Backofen

Ob als herzhaft überbackener Auflauf, knuspriges Gratin, leichtes, luftiges Soufflé oder knuspriger Toast – Spargel lässt sich im Backofen ideenreich zubereiten. Die Variationsmöglichkeiten sind vielfältig, da Spargel mit sehr vielen Zutaten geschmacklich harmoniert. Damit das zarte Gemüse durch die hohe Strahlungshitze im Backofen nicht austrocknet, wird es gern in einer Flüssigkeit zubereitet oder unter einer Haube geschützt.

Spargelcannelloni

Für 4 Portionen

Die Nudelrollen für dieses Rezept müssen nicht vorgekocht werden, da sie in reichlich Sauce garen.

500 g Spargel
Salz
1 Prise Zucker
50 g Butter
2–3 EL Mehl
200 g Sahne
1–2 TL Gemüsebrühe (Instant)
1 Bund Petersilie
100 g Emmentaler oder Fontina
100 g Champignons oder Egerlinge
12–15 Cannelloniröllchen
Butter für die Form

🕐 60 Minuten

1 Den Spargel waschen, nach Sorte schälen, die harten Enden abschneiden und die Stangen halbieren. 1 Liter Wasser mit Salz und Zucker aufkochen, den Spargel darin in 10 bis 15 Minuten nicht zu weich kochen. Herausheben, leicht abkühlen lassen.

Die getrockneten Cannelonirollen sind äußerst praktisch. Eher flüssige Füllungen lassen sich am besten mit einem Spritzbeutel einbringen.

2 Inzwischen für die Sauce die Butter zerlassen. Das Mehl darüber sieben und unter Rühren 1 bis 2 Minuten anschwitzen. Die Sahne und etwa 300 Milliliter Spargelkochwasser angießen. Die Sauce unter gelegentlichem Rühren etwa 5 Minuten kochen lassen. Gemüsebrühe darin auflösen. Die Petersilie waschen, trocknen, die Blättchen abzupfen, fein hacken und in die Sauce rühren. Von der Kochstelle nehmen, leicht abkühlen lassen. Den Käse reiben und einrühren.

3 Den Backofen auf 200 °C (Umluft 180 °C, Gas Stufe 3–4) vorheizen. Die Pilze putzen und in sehr feine Scheiben schneiden.

4 Je nach Dicke 1 bis 2 Spargelhälften in jede Nudelrolle stecken. Eine flache Auflaufform ausbuttern. Eine Lage gefüllte Nudelröllchen einlegen. Etwas Sauce und die Hälfte der Pilze darauf verteilen. Die restlichen Rollen auflegen, mit Sauce begießen und die übrigen Pilze darüber geben. Mit einer Schicht Sauce abschließen. Die Röllchen sollen jeweils ganz mit Flüssigkeit bedeckt sein – bei Bedarf noch etwas von dem Spargelkochwasser darüber gießen.

5 Die Cannelloni im Backofen auf der mittleren Schiene 30 Minuten backen. Um zu testen, ob die Nudeln weich sind, mit einer Gabel ein Röllchen einstechen. Falls es noch nicht weich sein sollte, das Gericht noch einige Minuten ziehen lassen.

Feinwürzig

Spargel mit Parmesan

Für 4 Portionen
1 kg grüner oder weißer Spargel
Salz
1 Prise Zucker
150 g Parmesan
100 g Butter

🕐 40 Minuten

1 Den Spargel waschen. Den Spargel von oben nach unten schälen, die weißen Stangen ab den Köpfen, die grünen nur im unteren Drittel. Harte Enden abschneiden.

2 Etwa 2 Liter Wasser mit Salz und Zucker aufkochen. Spargel darin in 10 bis 20 Minuten bissfest kochen. Herausheben und abtropfen lassen.

3 Den Grill im Backofen vorheizen. Spargel in eine Gratinform legen. Parmesan reiben und darüber verteilen. Butter in Flöckchen darauf setzen. Den Spargel unter dem Grill 2 bis 3 Minuten gratinieren.

Tipp der Köchin

Servieren Sie dieses Gericht als Vorspeise oder als Beilage.

Spargel mit Parmesan ist eine ausgesprochen einfache Zubereitungsart aus Italien, bei der der Eigengeschmack von Spargel optimal zur Geltung kommt.

Tipp der Köchin

Kochwasser vom Spargel nie weggießen, sondern als Fitness-drink verwenden!

Fast zu schön, um angeschnitten zu werden – die grünweiße Spargelquiche.

Französisch inspiriert

Spargelquiche

Für eine Form von 26 cm Durchmesser
Teig:
200 g Mehl
100 g kalte Butter
100 g Magerquark, Salz
Belag:
500 g grüner Spargel
500 g weißer Spargel
1 Prise Salz
1 Prise Zucker
3 Eier
200 g Schmand oder Crème fraîche
100 g Emmentaler oder Gouda
1 Prise Safran
1 Bund glatte Petersilie oder Schnittlauch

🕐 **90 Minuten**

1 Für den Teig das Mehl in eine Schüssel sieben. Die Butter und den Quark in kleinen Mengen darauf setzen, salzen und schnell unterkneten. Den Teig in Folie wickeln und mindestens 20 Minuten kühl stellen.

2 Den Spargel waschen, je nach Sorte schälen und harte Enden abschneiden. Den Spargel von unten her bis zur Hälfte in kleine Stücke schneiden. 1/2 Liter Wasser mit Salz und Zucker aufkochen und den weißen Spargel darin etwa 10 Minuten garen. Den grünen Spargel noch etwa 5 Minuten mitkochen. Der Spargel soll noch gut Biss haben, da er später nochmals gegart wird. Abgießen und abtropfen lassen.

3 Den Backofen auf 200 °C (Umluft 180 °C, Gas Stufe 3–4) vorheizen. Den Teig zwischen zwei Klarsichtfolien ausrollen und eine Quicheform damit auslegen, dabei einen 3 Zentimeter hohen Rand formen. Den Boden mehrmals mit einer Gabel einstechen und etwa 10 Minuten vorbacken.

4 Eier aufschlagen und mit dem Schmand oder der Crème fraîche verquirlen. Den Käse reiben und einrühren. Mit Salz und Safran würzen.

5 Kräuter waschen, trocknen, fein schneiden. Kleine Spargelstücke auf dem Teigboden verteilen. Die Kräuter darauf streuen. Abwechselnd weiße und grüne Spargelköpfe rosettenförmig mit den Köpfen nach außen darauf legen.

6 Die Eiermilch gleichmäßig über dem Spargel verteilen und die Quiche auf der mittleren Schiene in 25 bis 30 Minuten goldgelb backen.

Die kleinen Blumen-
kohlröschen werden
noch schneller gar,
wenn man die Schnitt-
stellen kreuzweise
einschneidet.

Gelingt leicht

Überbackene Spargel-Schinken-Röllchen

Für 4 Portionen

1 kg Blumenkohl
2 TL Zitronensaft
Salz
500 g grüner Spargel
1 Prise Zucker
150 g Zwiebeln
100 g Butter
4 EL Semmelbrösel
150 g Emmentaler oder Gouda
150 g gekochter Schinken, in dünne
Scheiben geschnitten
frisch gemahlener bunter Pfeffer

🕐 **40 Minuten**

1 Blumenkohl putzen und in Rös-
chen zerteilen. 1/2 Liter Wasser mit
Zitronensaft und Salz zum Kochen
bringen und den Blumenkohl darin
in 15 Minuten bissfest garen. Herausnehmen und abtropfen lassen.

2 Den Spargel waschen, im unteren
Bereich schälen und nach Bedarf die
harten Enden abschneiden. Die
Stangen quer halbieren. Etwa
1/4 Liter Wasser mit Salz und Zucker
aufkochen und den Spargel darin
etwa 10 Minuten garen. Herausheben und abtropfen lassen.

3 In der Zwischenzeit die Zwiebeln
abziehen und fein zerkleinern. Die
Butter zerlassen und die Zwiebelwürfel darin goldgelb braten. Etwa
1 Tasse Kochwasser angießen. Die

Semmelbrösel unterrühren und den
Topf von der Kochstelle nehmen.

4 Den Backofen auf 200 °C (Umluft
180 °C, Gas Stufe 3–4) vorheizen
und eine flache Auflaufform darin
anwärmen.

5 Den Käse reiben und bis zur weiteren Verwendung beiseite stellen.

6 Je 2 Spargelhälften in eine Schei-
be Schinken einrollen. Eine Lage
Röllchen mit etwas Abstand in die
vorgewärmte Auflaufform legen.
Blumenkohlröschen dazwischen ver-
teilen. Alles leicht pfeffern. Etwa die
Hälfte vom Käse auf der Schicht
verteilen. Eine weitere Lage Spargel-
röllchen und Blumenkohlröschen
einschichten. Nochmals mit etwas
Pfeffer überstreuen. Den restlichen
Käse darüber streuen. Die Zwiebel-
Semmelbrösel-Mischung auf dem
Gemüse verteilen.

7 Den Auflauf auf die mittlere
Schiene des Backofens schieben. In
15 bis 20 Minuten überbacken, bis
die oberste Schicht knusprig ist.

Tipp der Köchin

Sie können dieses Gericht auch mit
weißem Spargel zubereiten. Kombinieren Sie diesen dann für den entspre-
chenden Farbkontrast mit Brokkoli.
Das Kochwasser von Spargel und
Gemüse können Sie aufbewahren und
daraus Suppen zubereiten.

Spargeltoast

Für 4 Portionen
8 Stangen Spargel (grün oder weiß)
Salz
4 Scheiben Toastbrot oder 2 längs
halbierte Baguettebrötchen
4 Stängel Petersilie
4 Scheiben geräucherter Schinken
4 dünne Scheiben Gouda

🕐 **30 Minuten**

1 Den Spargel waschen, je nach
Sorte schälen, harte Enden abschneiden. Lange Stangen einmal
durchschneiden. 1/4 Liter Salzwasser
aufkochen und den Spargel darin
15 bis 20 Minuten garen. Herausheben und abtropfen lassen.

2 Inzwischen den Grill im Backofen
vorheizen. Die Brotscheiben auf ein
Gitter legen und leicht rösten. Die
Petersilie waschen, trocknen und die
Blättchen von den Stielen zupfen.

3 Den Schinken auf die Brotscheiben legen. Den Spargel darauf verteilen und mit dem Käse bedecken.
Die Toasts etwa 5 Minuten im Ofen
überbacken, bis der Käse geschmol-
zen ist. Herausnehmen, mit der Petersilie garnieren und servieren.

*Unter der knusprigen
Zwiebel-Semmelbrösel-
Kruste garen Blumen-
kohlröschen und in
Schinken gewickelter
grüner Spargel.*

Tipp der Köchin

Bei der Zubereitung von Soufflés die Backofentür in der ersten Hälfte der Backzeit auf keinen Fall öffnen, damit das zugempfindliche Gebilde nicht zusammenfällt. Wenn Sie wenig Zeit haben, backen Sie die Soufflémasse einfach in der Pfanne als lockeres Schaumomelett.

Dieses Prachtstück von Soufflé »müssen« Sie sogar in der Form auf den Tisch stellen!

Lüftig-leicht

Spargel mit Souffléhaube

Für 4 Portionen

500 g weißer oder grüner Spargel
Salz
1 Prise Zucker
40 g Butter
40 g Mehl
1/4 l Milch
1 TL Gemüsebrühe (Instant)
1 Prise frisch geriebene Muskatnuss
frisch gemahlener Pfeffer
1 Bund Petersilie
100 g Emmentaler oder Parmesan
3 Eier
Butter für die Form

🕐 **50 Minuten**

1 Den Spargel waschen, je nach Sorte schälen und harte Enden abschneiden. 4 Spargelstangen beiseite legen. Die restlichen Stangen in Stücke schneiden. 1 Liter Wasser mit Salz und Zucker aufkochen und die Spargelstücke darin in etwa 10 Minuten nicht zu weich kochen. Den Spargel aus dem Topf heben und abtropfen lassen.

2 Den Backofen auf 220 °C (Umluft 200 °C, Gas Stufe 4–5) vorheizen.

3 Die Butter zerlassen. Das Mehl darüber sieben und unter Rühren 1 bis 2 Minuten anschwitzen. Die Milch einrühren und die Sauce einige Minuten kochen lassen, bis sie eingedickt ist. Die Brühe darin auflösen. Die Sauce mit Muskatnuss, Salz und Pfeffer würzen. Den Topf von der Kochstelle nehmen und die Sauce leicht abkühlen lassen.

4 Die Petersilie waschen, trocknen, fein hacken. Den Käse reiben. Die Eier trennen. Petersilie, Käse und Eigelbe in die Sauce einrühren. Den rohen Spargel in sehr feine Scheiben schneiden und unter die Sauce heben.

5 Vom gekochten Spargel die Köpfe abtrennen und beiseite legen. Eine Auflaufform fetten, die restlichen Spargelstücke hineinlegen.

6 Die Eiweiße mit einer Prise Salz steif schlagen. Den Eischnee unter die Sauce ziehen. Die Soufflémasse in die Form füllen und sofort im Backofen auf der mittleren Schiene 25 bis 30 Minuten backen.

7 Aus dem Soufflé mit einem Esslöffel einzelne Nocken abstechen und mit den Spargelköpfen garnieren.

Braucht etwas Zeit

Kartoffel-Spargel-Gratin

Nehmen Sie beim Kochen von Pellkartoffeln möglichst gleich große Kartoffeln, damit sie gleichmäßig garen. Je kleiner die Kartoffeln, desto kürzer ist die Garzeit.

Für 4 Portionen

1 kg vorwiegend fest kochende Kartoffeln

1 kg grüner oder weißer Spargel

Salz

1 Prise Zucker

20 g Butter für die Form

2 Tomaten

4 Stängel Petersilie

100 g Gouda oder Emmentaler

100 g Sahne

frisch gemahlener Pfeffer

🕐 **50 Minuten**

1 Die Kartoffeln waschen und mit der Schale in wenig Wasser oder im Dampf in 20 bis 30 Minuten weich kochen.

2 Spargel waschen, je nach Sorte schälen und harte Enden abschneiden. Die Stangen in Stücke schneiden. Die Spargelköpfe beiseite legen.

3 Etwa 1/4 Liter Wasser mit Salz und Zucker zum Kochen bringen und die Spargelstücke darin etwa 10 Minuten garen. Herausheben und abtropfen lassen.

4 Den Backofen auf 200 °C (Umluft 180 °C, Gas Stufe 3–4) vorheizen. Eine Auflaufform zum Anwärmen hineinstellen und die Butter in der Form schmelzen lassen.

5 Tomaten waschen und kurz in das heiße Spargelwasser setzen. Herausnehmen und häuten. Das Fruchtfleisch in Scheiben schneiden, dabei die Stielansätze keilförmig ausschneiden.

6 Die Petersilie waschen, trocknen und fein hacken. Den Käse reiben.

7 Die Kartoffeln abgießen, abschrecken, pellen und in Scheiben schneiden. Den Boden der vorgewärmten Auflaufform damit auslegen. Die Hälfte des Käses und der Petersilie darauf verteilen. Spargel und Tomaten darauf schichten. Den restlichen Käse darüber streuen.

8 Die Sahne mit Salz und Pfeffer würzen und über das Gratin gießen.

9 Das Gratin im Backofen auf der mittleren Schiene etwa 15 Minuten überbacken. Herausnehmen und mit Petersilie bestreuen.

Tipp der Köchin

Dieses Gratin können Sie als Beilage oder als Einzelgericht reichen.

Gegrillter grüner Spargel

Für 4 Portionen

1 kg dünne grüne Spargelstangen
Salz
6 EL Olivenöl
1 unbehandelte Zitrone oder Limone
bunter Pfeffer

⏲ 30 Minuten

1 Den Backofen auf Grill oder höchste Stufe einstellen.

2 Den Spargel waschen, im unteren Drittel schälen und harte Enden entfernen. Die Stangen nebeneinander auf ein Backblech legen, salzen und mit Öl beträufeln. Den Spargel 10 Minuten grillen, wenden und weitere 10 Minuten grillen.

3 Die Zitrone oder Limone heiß abwaschen und etwa 1 Teelöffel der Schale dünn abreiben. Eine Hälfte der Frucht in dünne Scheiben schneiden. Die andere Hälfte auspressen und den Saft mit der abgeriebenen Schale und etwas Salz verrühren.

4 Den Spargel auf Teller legen. Mit den Zitronenscheiben garnieren und dem gewürzten Zitronensaft beträufeln. Etwas Pfeffer darüber mahlen.

Das Kartoffel-Spargel-Gratin ist etwas für den großen Hunger. Es kann aber auch in kleineren Portionen als Beilage dienen.

Exquisite Beilage

Spargelflan

Servieren Sie diesen Flan in kleinen Portionen für 8 Personen als Vorspeise oder mit einer Gemüse- oder Pilzbeilage für 4 Personen als Hauptgericht.

Für 4 Portionen

1 Zwiebel (40 g)
1 Knoblauchzehe
250 g Spargel
50 g Butter
200 g Sahne
1 Bund Schnittlauch
4 Eier
50 g frisch geriebener Parmesan
Salz
frisch gemahlener Pfeffer
1 Prise frisch geriebene Muskatnuss
Außerdem:
Butter für die Form

🕐 **65 Minuten**

1 Zwiebel und Knoblauch abziehen und fein zerkleinern. Den Spargel waschen, je nach Sorte schälen, harte Enden abschneiden. Die Stangen in sehr feine Scheiben schneiden.

2 Die Butter zerlassen und die Zwiebel- und die

Die Eier machen den Spargelflan so luftig. Er besticht durch seinen fein-würzigen Geschmack nach Parmesan.

Knoblauchwürfel darin bei mittlerer Hitze goldgelb braten. Den Spargel 2 bis 3 Minuten mitdünsten. Die Sahne angießen und etwa auf die Hälfte einkochen lassen. Den Topf von der Kochstelle nehmen und den Sahnespargel etwas abkühlen lassen.

3 Den Backofen auf 180 °C (Umluft 160 °C, Gas Stufe 2–3) vorheizen. Eine Fettpfanne auf die mittlere Schiene setzen und mit heißem Wasser füllen. Eine flache Auflaufform fetten.

4 Den Schnittlauch waschen und fein schneiden. Die Eier trennen. Schnittlauch, Eigelbe und den Parmesan in den Sahnespargel einrühren. Die Masse mit Salz, Pfeffer und Muskatnuss würzen.

5 Eiweiße steif schlagen und vorsichtig unter die Eigelbmasse heben. Die Masse in die Auflaufform geben und glatt streichen. Die Form in das heiße Wasserbad stellen, den Flan in 35 bis 40 Minuten stocken lassen. Als Garprobe einen kleinen Messerschnitt machen: Wenn die Klinge trocken bleibt, ist der Flan fertig.

6 Den Flan auf Tellern anrichten und sofort servieren.

Tipp der Köchin

Wenn Sie diesen Flan in kleinen Portionsschälchen zubereiten, dann ist die Garzeit etwas kürzer.

Raffiniert

Pizza aus Blätterteig mit Spargel

Auf diese saftigen Pizzen passt auch noch roher oder gekochter Schinken. Sie können jedoch ebenso gut andere Zutaten Ihrer Wahl miteinander kombinieren.

Für 4 Portionen

400 g Blätterteig (TK)
500 g grüner Spargel
2 Fleischtomaten
8 schwarze Oliven
100 g Parmesan
100 g Crème fraîche
Salz
frisch gemahlener bunter Pfeffer
2 EL Pinienkerne

🕐 **40 Minuten**

1 Den Blätterteig auftauen lassen.

2 Den Backofen auf 200 °C (Umluft 180 °C, Gas Stufe 3–4) vorheizen.

3 Den Spargel waschen, im unteren Drittel schälen, die harten Enden entfernen. Die Stangen in Stücke schneiden, dicke Exemplare vorher längs halbieren.

4 Die Tomaten überbrühen und abziehen. Die Stielansätze herausschneiden. Das Fruchtfleisch in kleine Würfel schneiden. Die Oliven entsteinen und klein schneiden.

5 Für den Guss den Parmesan reiben. Mit Crème fraîche, Salz und Pfeffer verrühren. 2 Esslöffel Wasser einrühren, damit er leicht flüssig wird.

6 Die Teigstücke übereinander legen, dann 3 Millimeter dünn ausrollen. In 4 Quadrate teilen. Ein Backblech mit kaltem Wasser benetzen und die Teigstücke darauf legen. Die Teigränder etwa 5 Millimeter nach oben knicken.

7 Spargel, Tomaten und Oliven auf den Teigplatten verteilen, den Käseguss darüber geben und zuletzt die Pinienkerne darauf streuen.

8 Das Backblech auf die mittlere Schiene des Backofens schieben. Die Pizzen 25 bis 30 Minuten backen.

Pizza aus Blätterteig zubereiten

1 Die Tomaten mit kochendem Wasser überbrühen, dann lässt sich die Haut abziehen.

2 Die Blätterteigstücke etwa 3 Millimeter dünn ausrollen und 4 Quadrate daraus formen.

3 Die Teigstücke belegen und darauf achten, dass der Käseguss alle Gemüsestücke gut einhüllt.

Rezeptregister

Rezeptregister nach Rubriken